VIE

DE

LA RÉVÉRENDE MÈRE

DU COEUR DE MARIE

je me plais, ô Jésus dans la Congrégat
de votre Sœur nourrice, je m'y compl
et je puis ajouter, je m'y délecte.

(Extrait d'une prière de la Révérende M

VIE

DE

LA RÉVÉRENDE MÈRE

DU CŒUR DE MARIE

SUPÉRIEURE GÉNÉRALE

de la

CONGRÉGATION DE SAINT-JOSEPH DE BOURG

(DIOCÈSE DE BELLEY)

PAR

L'ABBÉ L. LAPLACE

Supérieur de l'Institution Saint-Pierre.

BOURG

IMPRIMERIE J.-M. VILLEFRANCHE

—

1888

IMPRIMATUR

—

† LUDOVICUS-JOSEPHUS,

Episcopus Bellicensis.

Burgi, 19ᵃ Decembris 1888.

A LA TRÈS RÉVÉRENDE MÈRE

ET AUX SOEURS DE SAINT-JOSEPH

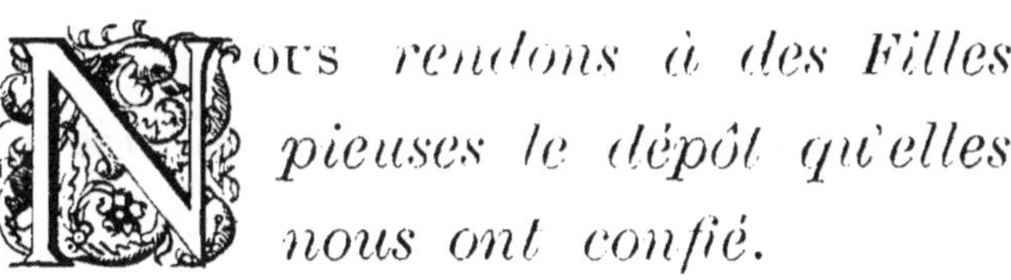

ous rendons à des Filles pieuses le dépôt qu'elles nous ont confié.

Ce livre s'est écrit dans leur cœur, pendant près de vingt ans, sous la dictée de la vénération et de l'amour.

Et quand, il y a un an, la mort est venue l'achever, il s'est échappé de leurs lèvres, avec les accents attendris de leur douleur filiale.

Puissent-elles reconnaître dans ces pages la plus douce et la plus sainte des Mères ! Si, comme on nous l'assure, le portrait que nous leur remettons aujourd'hui est ressemblant, c'est à la fidélité de leurs souvenirs qu'en revient tout l'honneur.

Puissent surtout les amis de la Congrégation et les Anges de Dieu y reconnaître chacune d'entre elles !

Car en disant ce que fut la Très Révérende Mère du Cœur de Marie, nous avons dit ce qu'une Sœur de Saint-Joseph doit être.

Bourg, le 3 décembre 1888.

CHAPITRE PREMIER

ENFANCE ET VOCATION

L'ENFANT qui devait être un jour Sœur du Cœur de Marie, et laisser sous ce nom, dans la Congrégation de Saint-Joseph de Bourg, d'impérissables souvenirs, naquit le 24 juin 1823, dans le bourg de Cerdon. L'intérieur où Dieu l'appelait à la vie voyait s'épanouir en paix les plus douces vertus domestiques et le bonheur qu'elles apportent avec elles. Les mœurs y étaient simples, la foi vive, la charité proverbiale.

La famille des Chavant était de temps immémorial attachée au sol qui, en retour de son travail, lui donnait le bien-être. Dieu bénissait les vignes de Louis-Joseph Chavant, et chaque année une fructueuse récolte lui permettait de faire des réserves pour l'éducation de ses enfants et l'augmentation du patrimoine qu'il voulait leur laisser. Sa femme, Louise Dubreuil, nature délicate et pure, âme de feu sous une enveloppe fragile, avait la passion de faire du bien. Sa famille, les pauvres, l'église dévoraient tous ses instants et toutes les générosités de son cœur. Déjà Dieu lui avait donné deux enfants, deux anges qu'elle allait bientôt rendre au ciel. Rosalie, dont nous commençons l'histoire, fut la troisième.

Elle reçut le baptême le jour même de

sa naissance : car on se serait bien gardé dans la famille, de laisser la chère enfant un seul jour en la puissance du démon. Cette date précieuse du baptême marqua fortement son empreinte sur cette jeune âme. Toute sa vie, Mère du Cœur de Marie aima à la rappeler. Que de fois, lorsque le cours du temps ramenait le 24 juin, on l'a entendue dire : « Je suis heureuse aujourd'hui et j'ai bien remercié Notre Seigneur ce matin; c'est l'anniversaire de mon baptême. » Dans ce jour, en effet, elle ne voulait voir que cette circonstance sainte.

Rosalie grandit sous l'œil vigilant de sa mère, comme un tendre arbrisseau dont une main aimante et sûre sait diriger la sève. Bientôt il lui vint un petit frère pour combler un des vides que la mort faisait parmi les aînés. Mme Chavant, d'une santé assez frêle, fut très dangereusement malade dans le cours de l'année 1828. Rosalie avait cinq ans. Avec un sérieux au-dessus de son âge, elle s'installa au chevet de sa mère et fut une garde-malade aussi intelligente que dévouée. Elle ne s'éloignait un instant que pour aller demander à la Sainte-Vierge de rendre la santé à sa chère Maman. Dans l'endroit le plus retiré et le plus recueilli de la maison, elle avait disposé le petit oratoire domestique devant lequel on faisait tous les soirs la prière en commun : en haut, le crucifix, la statue de la Sainte-Vierge au milieu, puis des images, des chandeliers, des fleurs. C'était là qu'elle venait prier pour la guérison de sa mère. Elle y restait un moment; puis, sa prière achevée, elle remontait auprès de sa chère malade : « Maman, allez-vous mieux? lui disait-elle. — Je suis toujours de même, mon enfant. » Alors Rosalie retournait à la chapelle, priait encore avec plus de ferveur, demandait à haute voix la grâce tant désirée et enfin revenait auprès de sa mère et lui posait sa même question enfantine : « Et maintenant, souffrez-vous un peu moins ? » Elle faisait ainsi jusqu'à douze visites par jour à son petit oratoire et elle disait à la malade : « Je vais tant prier la Sainte-Vierge qu'elle vous guérira; j'en suis bien sûre. » Et, en effet, la guérison arriva au bout de quelque temps, et Mme Chavant, complètement rétablie, put faire avec sa fille une longue prière d'actions de grâces devant la petite madone du foyer. Elle aimait cette modeste chapelle où ses enfants se formaient à la piété. Souvent, quand ils s'y réunissaient, elle les y accompagnait et chantait avec eux des cantiques simples, dont sa voix douce et expressive faisait pénétrer chaque mot bien avant dans l'âme de ses chers petits. De cette façon, Rosalie avait fini par savoir à peu près par cœur tous les cantiques du diocèse de Belley et ceux de Saint-Sulpice.

La pieuse mère n'oubliait pas de former le cœur de sa fille à la charité. Presque tous les jours de la semaine, mais surtout le dimanche, après dîner, elles sortaient ensemble, portant chacune un panier de provisions, et allaient visiter les pauvres gens que la honte empêchait de mendier. C'était la petite qui puisait dans les paniers et qui distribuait à chacun sa part, et son gracieux sourire donnait encore plus de charme aux consolations de la mère. L'enfant profitait de ces bonnes leçons. Il passait quelquefois des pauvres, Rosalie étant seule à la maison. Vite elle allait au grand pain de famille, et, comme elle n'était pas assez forte pour le prendre et le couper, elle présentait le couteau à son pauvre, en lui disant : « Tenez

mon brave homme, coupez vous-même. »
Et elle ajoutait : « Avez-vous soif ? »
Comme on peut penser, la réponse était
toujours affirmative. Alors elle descendait à la cave, tirait au tonneau et rap-
portait au pauvre homme un bon verre
de vin.

Ses parents approuvaient toujours, trop
heureux de voir éclore ces sentiments
dans l'âme de leur enfant. Louis Chavant était l'honnêteté même. Un jour,
Rosalie s'était trompée dans un compte
avec un marchand ambulant. L'erreur
était de dix centimes. « Cours vite après
cet homme, lui dit son père, sitôt qu'on
s'en aperçut, et rends-lui ses deux sous. »

A l'âge de sept ans, elle fut envoyée
en classe à l'école de Cerdon, et, dès la
première année, elle s'y montra tellement
exemplaire que sa maîtresse, la bonne
sœur Félicie, ne craignait pas de dire
aux autres élèves : « Regardez Mademoi-

selle Chavant; elle est la plus petite de toutes, et cependant, elle est la plus sage. » C'est qu'en effet on n'apercevait dans la conduite de cette merveilleuse enfant aucune disposition au mal, aucun sujet de reproche. Jamais on ne lui a vu un seul moment d'humeur. Quant à la règle du silence, elle s'y pliait déjà avec une force de volonté qui est bien rare à cet âge. Qu'il s'agit de rendre service à une compagne ou de solliciter elle-même des explications, elle ne parlait jamais sans demander permission à la maîtresse. Son application à l'étude ne laissait rien à désirer. Aussi les bonnes notes pleuvaient sur Rosalie Chavant, qui était heureuse de les rapporter à ses parents.

Comme il n'est de vertu complète et sûre que par la piété, Notre Seigneur qui aimait cette âme et qui la destinait à de grandes choses, l'attirait déjà très vivement à Lui. Bien jeune encore, elle allait tous les matins à la messe et s'y tenait dans le plus profond recueillement. M. Papillon, curé de Cerdon, avait remarqué la piété vive et réfléchie de cette enfant qu'il voyait tous les jours à l'église, priant de tout son cœur, sans jamais tourner la tête ni parler ; le catéchisme lui révéla bientôt son intelligence des choses de la foi. Rosalie le sut toujours imperturbablement. L'excellent pasteur avait l'habitude le dimanche, pendant la grand'messe, de faire rendre compte aux enfants des leçons de la semaine. C'étaient entre eux de piquants dialogues où lui-même intervenait pour diriger les débats ou donner plus de développement aux réponses du catéchisme. L'enfant qui était le plus souvent interrogé était la petite Chavant. On la faisait monter sur une chaise en raison de sa taille, et de là, vue et entendue de tous, modeste, mais non embarrassée, parce qu'elle obéissait, elle donnait, sur la demande de M. le Curé, des explications qui surprenaient et édifiaient tout le monde. Il y a entre l'intelligence de l'enfant innocent et pur et les mystères de la religion je ne sais quelle secrète affinité, qui les lui fait percevoir comme par intuition et mieux comprendre que ceux qui les lui enseignent : *Super omnes docentes me intellexi, quia testimonia tua meditatio mea est.* (Ps. 118.)

Déjà approchait le grand jour de la première communion. Pour lui permettre de mieux se préparer à ce divin et touchant mystère, les parents de Rosalie la mirent quelques mois auparavant en pension chez les Sœurs de Cerdon. Inutile de dire de quels soins les bonnes religieuses entourèrent cette âme de choix. Le sanctuaire était pur et un Dieu allait l'habiter; il fallait se hâter

de l'orner et de l'embellir encore. Sous
leur influence, la ferveur et l'esprit de
prière se développèrent chez Rosalie à
un degré peu commum. Prier était son
bonheur. Un matin, en raison du mauvais temps, les Sœurs se rendirent
seules à la messe et la laissèrent à la
maison. Quand elles revinrent, elles trouvèrent çà et là des images appendues au
mur, et Rosalie à genoux. « Que faites-
vous là, mon enfant, lui dit la Supérieure ? — Ma Mère, je fais mon chemin
de croix pour remplacer la messe que je
n'ai pas entendue. »

Toute sa vie, nous pourrons remarquer en elle cette foi naïve et ardente.
Elle y ajoutait déjà la pratique de la
pénitence. Elle avait un cahier sur lequel
chaque soir elle inscrivait toutes les mortifications qu'elle avait pu faire dans la
journée ; chacune était marquée par un
petit trait au crayon, et au bout du mois,

elle faisait l'addition pour voir, disait-elle, si elle avait bien donné au bon Dieu tout ce qu'elle lui avait promis.

Ainsi préparée, la première communion fut très bien faite; sa famille entière voulut prendre part à son bonheur et recevoir avec elle le Dieu de l'Eucharistie. Un détail fera comprendre avec quel abandon la jeune enfant allait à Notre Seigneur. On lui avait donné des Heures de Lyon magnifiques, livre en beau maroquin et à tranches dorées, qui fixait l'attention de ses petites compagnes. Elle remarquèrent qu'elle ne l'avait pas ouvert pour réciter ses prières d'actions de grâces après la communion, et en sortant l'une d'elles lui demanda pourquoi elle n'avait pas fait son action de grâces sur son joli livre. « Je n'ai pas besoin de livre, dit-elle, pour parler au bon Dieu; je lui dis bien mieux ce que je veux sans livre. » Le soir, ce fut elle encore qui lut la consécration debout sur une chaise, et l'on remarqua sa lecture intelligente et son accent ému.

L'église lui devint plus chère, une fois qu'elle eut connu les délices de la Sainte-Table ; elle y fit de plus fréquentes visites. Tous les matins, quel que fût le temps, on la voyait gravir avec peine le sentier qui conduit de la maison des Sœurs à l'église de Cerdon, où elle entendait la messe avec une piété angélique. Le soir, elle y montait encore, allait se mettre vers la chapelle de la Sainte-Vierge, derrière un pilier, et là, elle passait des heures entières à prier, à genoux sur les dalles, les yeux fixés sur l'autel et l'âme perdue dans l'amour de Dieu.

Un autre sanctuaire l'attirait et provoquait les effusions de sa piété enfantine. A deux kilomètres à l'est de Cerdon, aux pieds d'un petit coteau couvert de vignes, s'élève une modeste chapelle,

connue dans la région sous le nom de
Notre-Dame de Préau. De tous les environs on y vient en foule vénérer une
statue miraculeuse de la Vierge, dont
l'histoire est pleine de circonstances mer-
veilleuses.

C'était au lendemain de l'orage révo-
lutionnaire, la paix venait d'être rendue
à l'Eglise et nos populations bugeysiennes
revenaient avec bonheur aux pratiques
de la foi chrétienne qu'elles avaient dû
garder au fond de leur cœur, en se tai-
sant devant les violences des proscrip-
teurs et en dévorant leurs larmes. Un
jour, une statue de la Vierge parut dans
les taillis de Préau, en bas de la forêt
épaisse et sauvage qui couvrait alors la
colline. Des personnes pieuses emportè-
rent la madone dans leur demeure; mais
pendant la nuit elle disparaissait, et le
lendemain matin on la retrouvait dans
le même endroit. Ce fait singulier s'étant

produit à plusieurs reprises, on comprit
que la Sainte Vierge voulait être honorée en ce lieu. On y construisit une chapelle, on s'y rendit en pèlerinage de
toute la contrée voisine, et il s'y fit des
guérisons miraculeuses qu'attestent encore les nombreux ex-voto suspendus aux
murailles.

Le plus grand bonheur de Rosalie
Chavant était d'aller prier à cette chapelle ; souvent, le soir, lorsque le lendemain matin il devait y avoir un pèlerinage, elle partait avec la Supérieure,
Mère Blandine, elles allaient ensemble
balayer et parer la bien-aimée chapelle.
Puis, quand tout reluisait de propreté,
que les fleurs et les garnitures d'autel
étaient mises, on restait un bon moment
à genoux devant la madone. « Oh ! que
de bonnes prières j'y ai faites, disait
plus tard Sœur du Cœur de Marie ? On
y est si bien ! il est si facile d'y être

recueilli ! On n'y entend aucun bruit. Que de grâces j'ai obtenues dans ce sanctuaire ! Aussi toutes les années je me prépare, par une neuvaine d'actions de grâces, à la fête de Notre-Dame de Préau qui est le 8 septembre et je m'unis de cœur aux huit ou dix messes qui se disent ce jour-là à la chapelle. »

Un jour, en se rendant à Préau, il lui arriva un petit incident où se montre bien la délicatesse de sa conscience. C'était par une belle matinée du mois de mai; l'air était frais, le soleil radieux, et les bords de la route tout parfumés des fleurs et des fruits du printemps. Sur un petit escarpement, Rosalie aperçoit une fraise magnifique. Machinalement, elle tend la main, prend la fraise et va la porter à ses lèvres. C'est à ce moment que la réflexion lui revint; la pensée de l'immortification qu'elle allait faire la saisit vivement au cœur. « Oh !

que j'ai été lâche! disait-elle; j'ai cédé à une tentation de gourmandise ; quelle faute je viens de commettre! » La Sœur qui était avec elle ne pouvait la consoler. Nous retrouverons plus tard cette conscience jalouse de sa pureté et si vite alarmée.

Une des grâces que Sœur du Cœur de Marie se plaisait à rattacher à son cher sanctuaire de Préau, c'était celle de sa vocation religieuse. Sans doute, la vue des pieuses filles de Saint-Joseph qui présidaient à son éducation, qui l'aimaient et qu'elle chérissait, appelait naturellement sur ses lèvres la prière du jeune Samuel : Parlez, Seigneur, votre serviteur écoute; et regardant par-dessus les années de sa paisible jeunesse, elle entrevoyait déjà le bonheur de se donner à Dieu, et c'était à Notre-Dame de Préau qu'elle disait les espoirs et les désirs cachés au fond de son âme. Aussi le pieux sanctuaire resta toujours dans ses plus chers souvenirs : elle en parlait souvent, et, il y a quelques années, l'ancienne chapelle menaçant de tomber, on la reconstruisit, et la Révérende Mère du Cœur de Marie envoya une somme importante à cet effet.

Depuis l'année de sa première Communion, nous l'avons dit, Rosalie Chavant était pensionnaire chez les Sœurs de Cerdon. Ayant conscience d'avoir en elle une âme de choix à former, ses parents avaient cherché des mains plus dignes, pour la confier entièrement à leurs soins. Avec leur sagesse, leur autorité, leur instruction, les Sœurs, l'ayant d'ailleurs constamment sous les yeux, pouvaient mieux faire fructifier les dons de la nature et de la grâce que Dieu avait déposés en leur chère et pieuse enfant. Quant à Rosalie, dont le cœur était déjà orienté, elle ne voyait que le bonheur de se rapprocher de ce saint habit qu'elle désirait revêtir un jour et de se mettre plus immédiatement sous la direction de ces âmes vouées à Dieu, dans la famille desquelles elle espérait bien entrer. Chez les Sœurs, elle trouva de petites compagnes et on la vit bientôt exercer sur elles une sorte d'apostolat par l'exemple et le conseil : car, sans le vouloir, elle avait toujours eu, sur les enfants de son âge, je ne sais quel prestige et quelle influence, due autant à sa bonté qu'à l'ascendant de sa vertu. Elle n'avait que huit ou neuf ans que déjà elle recevait la mission de veiller sur elles, de les préparer à se confesser et de les accompagner à l'église. Un jour, elle fut chargée d'un groupe de toutes petites filles qui se présentaient au tribunal de la pénitence pour la première fois. Elle leur apprit leurs prières, leur fit l'examen de conscience, les excita à la contrition. Tout allait pour le mieux; chacune de ces jeunes enfants était prête; elle les conduisit à l'église; plusieurs d'entre elles avaient déjà passé, lorsque tout à coup elle entendit une petite voix effarée qui l'appelait du confessionnal : « Rosalie, Rosalie, viens donc me souffler, je ne me rappelle plus. » Le confesseur se chargea de remettre sur la bonne voie cette jeune mémoire en détresse. Lorsque, après plus de cinquante ans, Mère du Cœur de Marie revoyait celle de ses compagnes d'enfance à qui la mémoire avait fait défaut en cette grave circonstance, elle lui disait en riant : « Je vois encore la figure que vous aviez à ce moment-là. Heureusement que M. le Curé est venu à votre secours. »

Tout le monde lui témoignait la même confiance. Une dame, sa parente, qui ne laissait jamais sortir ses petites filles avec d'autres enfants, les mettait avec bonheur sous la garde de Rosalie. Celle-ci les conduisait à la promenade, faisait avec elles la petite maman, leur disait : « Je vous apprendrai une jolie prière, une oraison jaculatoire, si vous êtes bien sages. » De ces oraisons jaculatoires, enseignées par elle à ces enfants, quelques-unes se disent encore tous les jours. La plus jeune de ses petites cousines prenait souvent des caprices. Un jour, elle s'entêtait à ne pas vouloir aller à l'école; on fait venir Rosalie Chavant, sa parole agit immédiatement, et ensemble elles sortent de la maison. Mais au beau milieu du trajet, notre jeune entêtée revient à son idée et refuse d'avancer. Rosalie aussitôt de reprendre sa remontrance. « Quelle peine tu fais au bon Dieu, lui disait-elle! quelle peine à ta maman! » Elle fut sans doute bien persuasive, car l'enfant reprit tout à coup : « Eh bien! je ne ferai plus

de caprices. » Et il paraît que la pro-
messe a été tenue.

Qu'on nous permette de nous attarder
à ces charmants souvenirs de l'enfance
et de la jeunesse, quand tout nous appelle
déjà aux grandes vertus de cette longue
vie religieuse. Nous avons voulu faire
saisir, à ses débuts, cette force de persua-
sion par les idées de foi et par l'exemple
de sa vertu, qui fut la force par excellence
dans le gouvernement de la Révérende
Mère du Cœur de Marie. C'est ici la
source limpide et fraîche qui déjà captive
et porte à Dieu ces âmes enfantines ;
plus tard, nous verrons le courant, énergi-
que et fort sans violence, entraîner toutes
les volontés, dans un mouvement irrésistible, vers les immolations de l'obéissance
et de la pauvreté religieuse.

Parmi les pensionnaires des Sœurs de
Cerdon, il y avait quelques jeunes espiè-
gles. Lorsqu'elles faisaient quelque esca-

pade ou quelque brèche au règlement de la maison, la présence seule de Rosalie Chavant les rappelait au sentiment du devoir. Parfois, au dortoir des grandes, si la maîtresse s'absentait un instant, on chuchotait un peu, puis on riait. D'un mot rapide, Rosalie réclamait le silence et elle l'obtenait, ou bien elle pleurait et le lendemain matin elle disait à ses compagnes : « Oh ! comme vous avez offensé le bon Dieu en causant hier au dortoir ! »

Les Sœurs n'avaient pas tardé à reconnaître de quelle utilité pouvait leur être Mlle Chavant dans la tâche délicate qu'elles avaient à remplir. Elles étaient là trois filles de Saint-Joseph qui aimaient déjà cette adolescente comme une des leurs. Qu'elles eussent reconnu ou non les vues de Dieu sur elle pour plus tard, elles la formaient en lui donnant à exercer des fonctions auxquelles ses qualités semblaient l'appeler naturellement. Elles la

chargeaient de maintenir l'ordre et la dis-
cipline parmi ses petites compagnes ; elles
lui confiaient les enfants difficiles dont
la conduite et l'application laissaient le
plus à désirer. Quant à Rosalie, elle obéissait, elle aimait ses maîtresses, elle res-
pectait les épouses du Christ dans la
société desquelles Dieu l'avait placée, et
on n'eut jamais qu'à s'applaudir de sa
déférence et de son empressement à obéir.

Il devait venir un jour où les situations
seraient, sinon renversées, du moins singulièrement modifiées. Quinze ans plus
tard, une des Sœurs de Cerdon, la maîtresse des grandes, Mère du Saint-Sacrement fut nommée directrice du pensionnat
de Saint-Joseph à Bourg. A ce moment,
celle qui avait été la petite Rosalie Chavant était devenue Sœur du Cœur de
Marie ; en dépit des répugnances de son
humilité et de son désir de ne vouloir
rien être, on la considérait comme un

personnage, elle était au secrétariat, et, en cette qualité, elle devait souvent communiquer des ordres à la Sœur du Saint-Sacrement. Plus tard même, quand elle fut Supérieure générale, elle lui en donna personnellement. « Oh! que je suis confuse, disait son ancienne maîtresse! Notre Révérende Mère, dans les rapports que j'ai avec elle, me traite avec autant de déférence qu'à l'époque où elle était mon élève. »

Cependant Rosalie Chavant allait atteindre sa quinzième année; tout le monde éprouvait pour elle ce sentiment mêlé d'amour et de vénération qu'inspire la vue d'une vertu éminente. On disait d'elle : C'est une petite sainte, c'est un ange, elle n'est pas comme les autres. Monsieur le Curé et toutes les personnes un peu entendues dans la vie des âmes disaient : A la voir agir et parler, il est facile de juger qu'elle a conservé son innocence baptismale. Elle seule, ignorant son mérite et cherchant à faire toujours mieux, méditait dans le fond de son âme un projet dont elle ne s'ouvrait encore à personne, mais que l'on pouvait pressentir. En attendant que l'heure fût venue de parler, elle continua de prier, d'aider à ses maîtresses, de corriger les devoirs de ses compagnes et de donner à toutes l'exemple du travail et de la régularité. Elle était une élève fort intelligente et fort instruite, à la tête de la classe, mais sans rien perdre de sa simplicité et de sa modestie. Déjà plus d'une fois, M. Pelletier, alors inspecteur des écoles primaires, l'avait remarquée. A chacune de ses visites, il aimait à l'appeler, et il la tenait longtemps au tableau, multipliant les questions, soulevant des difficultés et obtenant toujours des explications aussi justes que précises. « Cette enfant fera son chemin, disait-il, elle est intelligente, mais surtout d'un rare bon sens, je ne connais pas, dans tout l'arrondissement, d'élève qui me donne des réponses aussi nettes. Avec cela, une modestie charmante. »

Dans une de ses visites, il la chercha des yeux, et ne la trouvant pas, il la réclama. « Elle n'est plus ici, lui dit-on; elle est au Noviciat de Saint-Joseph. — Cela ne m'étonne pas, répondit-il; j'y avais toujours pensé. Votre maison a reçu un sujet de mérite. Cette jeune fille lui fera honneur. »

On l'a deviné; c'était là le projet tant caressé par Mlle Chavant, il était enfin réalisé. Depuis quand et comment s'était fait entendre, pour la première fois, l'appel de Dieu la conviant à l'imitation de Jésus pauvre, humilié et immolé? Elle n'aurait pas su le dire, et si haut qu'elle pût remonter dans ses souvenirs, il lui semblait qu'elle n'avait jamais eu d'autre envie que de se dévouer à Notre Seigneur dans la vie religieuse, afin de lui ressembler. Au jour de sa confirmation, vers l'âge de quatorze ans, elle avait dit à Mgr Devie que son plus ardent désir était de recevoir le saint habit. C'était Geneviève demandant à saint Germain de recevoir ses vœux de vierge chrétienne. L'Évêque de Belley avait béni cette enfant et recommandé sa vocation à M. le Curé. Rosalie insistait elle-même de plus en plus. « Ma fille, lui disait son directeur, je vois en vous beaucoup de signes de vocation, et pas un seul qui soit contraire. Vos désirs, qui prennent de jour en jour une forme plus précise et une force plus impérieuse, sont vraiment une note décisive. Seulement il faut être bien sûre de votre cœur, mon enfant. Priez encore, songez aux sacrifices qu'il vous faudra faire, au chagrin de la séparation. Voyez bien ce que vous quittez, ce que vous prenez ; et dans quelque temps nous déciderons ce qu'il y aura lieu de faire. »

Elle avait suivi ces sages conseils : elle priait ; les religieuses, qu'elle avait mises au courant, priaient avec elle. Puis un jour, quand M. le Curé l'eut permis, elle fit une demande formelle à ses parents qui ne furent d'ailleurs ni surpris ni contristés. « Attends encore, lui dit cependant son père. Tu as à peine quinze ans. Qu'est-ce qui te presse ? » C'était la charité du Christ. Elle répondit que, puisqu'elle était décidée, puisque M. le Curé l'approuvait, il valait mieux précipiter son départ. Et, en effet, un matin, elle embrassa son père et sa mère ; ils la bénirent avec des larmes et des sanglots dans la voix ; une voiture vint la prendre à la porte de la maison ; elle y monta avec Mère Blandine. Au sortir du village, elle rencontra quelques-unes de ses amies. « Adieu, leur dit-elle, je prierai pour vous, je vais me faire religieuse. » Elle salua d'un dernier regard le toit paternel, le clocher du village et la colline de Préau; et quelques heures après, Mère Blandine, entrant au Noviciat et abordant Mère Saint-Benoît, lui disait : « Ma Révérende Mère, je vous amène un petit ange. » C'était le 2 mai 1838.

Elle avait dit adieu au pays et à la famille. Son sacrifice était achevé, et elle ne regarda plus en arrière, comme Notre Seigneur le dit de certaines âmes peu généreuses. Veut-on savoir combien de fois elle est retournée à Cerdon? Elle y a fait une visite de l'école; en dehors de cela, elle n'est revenue que trois fois dans son pays : pour la mort de son père, pour une maladie grave de sa mère et pour la mort de cette mère bien-aimée.

Elle s'était séparée pour toujours des douceurs de la famille, et n'en gardait que les affections au fond de son cœur. Elle entendait être strictement religieuse et n'être jamais que cela.

CHAPITRE II

LE NOVICIAT

ÈRE du Cœur de Marie par-
lait souvent du bonheur qu'elle
avait éprouvé en mettant le
pied sur le seuil du Noviciat. Lorsqu'elle entra dans cette grande maison
silencieuse, où l'on ne sait que prier,
obéir et travailler, elle sentit, à la joie
intime dont son cœur était pénétré,
qu'elle était au séjour où l'appelaient à
la fois ses préférences et les prédilections
de Dieu. Et la parole du prophète royal
vint naturellement à ses lèvres, comme

autrefois à celles de l'angélique Louis de Gonzague entrant dans la Compagnie de Jésus : Voici mon séjour, à la vie, à la mort. C'est dans cette demeure que j'habiterai, car je l'ai choisie. *Hæc requies mea in sæculum sæculi; hic habitabo, quoniam elegi eam.*

On eut bien vite apprécié l'excellence du don que Notre Seigneur faisait à la Congrégation, en lui envoyant cette enfant. Bien qu'elle voulût être ignorée et qu'elle ne fût venue que pour cela, tout en elle attirait les regards, sa petite taille, son air si jeune et si candide et surtout sa vertu. On lui aurait donné douze ans et toutes ses compagnes se disaient : « Comme elle est heureuse, Mlle Chavant, de pouvoir être religieuse si jeune ! Sûrement on a dû faire une exception pour elle et la recevoir avant l'âge parmi les prétendantes. » Mais dans ce corps si frêle et auquel la joie de vivre dans cette maison, où l'on n'appartenait qu'à Dieu, donnait une légèreté toute spirituelle, il y avait un grand courage.

Elle s'abandonna sans réserve aucune à l'action de ses supérieures, à cette formation intérieure qui est le fondement de la vie religieuse, œuvre délicate, minutieuse, parfois difficile, et qui, dans les natures les meilleures et avec les vertus les plus éprouvées, ne s'accomplit pas sans effort et sans mérite. Il faut se laisser façonner et comme pétrir par la règle, par la volonté d'autrui, abdiquer sa personnalité, ou plutôt ne la garder que pour la soumettre sans cesse et absolument à l'arbitre d'un autre. La nature réclame, elle répugne à se laisser dépouiller de ce qu'elle a de plus intime et de plus cher : ses goûts, son initiative, la liberté de ses mouvements. Ce n'est certes pas à ce dépouillement qu'elle aspire, mais bien à tous les avantages de ce monde, pour s'en parer glorieusement. *Nolumus exspoliari, sed super-vestiri.*

Il est sûr que si l'on n'avait pas la prière pour réconforter son cœur, nul ne se résignerait à mourir ainsi à soi-même. Mais l'âme, dans ce détachement complet, s'appuie sur Dieu, et dans les règles de tous les Ordres religieux l'on a eu soin de mettre la prière à la base de l'édifice spirituel. A Saint-Joseph, sanctuaire béni où tout parlait de Dieu à son cœur, Rosalie Chavant était heureuse de se livrer à son attrait de dévotion. Elle suivait avec la docilité d'un enfant tous les conseils qui lui étaient donnés pour l'oraison. Sur l'aile de l'obéissance et de l'amour, son âme naïve allait droit à Notre Seigneur et lui parlait avec abandon. Ce n'est pas elle qui souffrait de ces prétendues impossibilités de méditer dont se plaignent tant d'esprits sans recueillement et tant de volontés sans courage. Elle aimait Dieu, elle l'aimait de tout son cœur, c'était assez; et la méthode de saint François de Sales, en usage dans la Congrégation de Saint-Joseph, pour la méditation, et à laquelle la jeune fille s'attachait avec délices, ne faisait que favoriser la facilité naturelle qu'elle avait de faire oraison.

Puis, au sortir de la prière, on la retrouvait la plus active et la plus généreuse de toutes. Les œuvres les plus humbles lui plaisaient de préférence : balayer les corridors, vider les baquets d'eaux grasses, être employée au relavage, au service du réfectoire ou de la cuisine. Il est vrai que parfois les travaux n'étaient pas en proportion de ses forces; alors les secours volontaires ne lui manquaient pas. « Je l'aimais déjà beaucoup, cette petite demoiselle, écrit une de ses compagnes; et chaque fois qu'elle balayait la classe, j'allais vite lui aider à remuer les tables. » Chez toutes les prétendantes, c'était pour elle le même affectueux intérêt, auquel s'ajoutait je ne sais quel sentiment de respect : car, malgré sa petitesse de taille et son air de jeunesse, elle avait sur toutes une grande influence, et on ne se serait pas permis devant elle la plus légère infraction à la règle, tant, par sa seule présence, elle rappelait l'idée du devoir. Ses compagnes avaient comme un vague pressentiment de ce qu'elle serait plus tard; cependant l'envie de mettre à l'épreuve cette vertu inaltérable dans sa fermeté et dans sa douceur, leur inspirait parfois d'innocentes et joyeuses espiègleries. Rosalie avait une voisine de classe quelque peu malicieuse. Sitôt qu'on avait un moment de répit et de récréation : « Mademoiselle Chavant, lui disait-elle, cette théorie de l'arithmétique des Frères est vraiment bien difficile. Comprenez-vous ceci? comprenez-vous cela? » Notre petite prétendante comprenait assez qu'on voulait s'amuser ; elle souriait, et, puisque cela faisait plaisir à sa compagne, elle donnait l'une après l'autre les explications demandées.

Sa science était soumise parfois à des épreuves plus redoutables. On sait quel zèle Mgr Devie dépensait à l'œuvre de l'instruction populaire; le vénéré prélat tenait à s'assurer par lui-même que les religieuses vouées à l'enseignement, dans son diocèse, avaient les qualités nécessaires pour cette grande tâche; il venait quelquefois présider les examens des prétendantes et il interrogeait avec cette netteté de vue et cette lucidité d'expression qui étaient la marque distinctive de cet esprit éminent. Un jour, dans l'épreuve écrite, il trouva un devoir si bien pensé et si bien écrit qu'il le fit lire à haute voix devant la réunion d'ecclésiastiques formant le jury d'examen. Il y eut de toutes parts un murmure d'admiration. Une seule personne souffrit des honneurs de cette lecture publique : ce fut Mlle Chavant, car ce devoir si bien fait, c'était le sien.

Le temps du postulat se passait ainsi pour elle entre l'étude, la prière et l'exercice des meilleures vertus religieuses. Parfois on lui donnait occasion de faire œuvre de charité. Sa cousine, Mère Pélagie, était alors supérieure de l'Hôtel-Dieu de Bourg ; on permettait à Mlle Chavant d'aller la voir, et elle en profitait pour visiter les malades, surtout lorsqu'il s'en trouvait qui fussent de Cerdon. Elle leur parlait avec tant de bonté que ces pauvres gens après sa visite ne sentaient plus leurs douleurs, et ils disaient : « C'est une sainte, cette petite Sœur Chavant. (C'est ainsi qu'ils l'appelaient déjà.) Elle a toujours été bien sage ; mais à présent, c'est encore autre chose. »

Cependant notre jeune prétendante soupirait après le jour où, le postulat étant fini, il lui serait accordé de revêtir l'habit des Sœurs de Saint-Joseph. L'essai qu'elle venait de faire de la vie religieuse avait excité ses saintes convoitises et appelait son cœur plus haut, plus près du Bon Maitre, à l'immolation de soi-même. En récréation et pendant les promenades, sa conversation roulait sur le bonheur d'être religieuse ; ses supérieures qui s'entretenaient souvent de sa conduite édifiante étaient absolument sûres de sa vocation. Sa prise d'habit fut fixée au 18 avril 1839. Il y avait près d'un an qu'elle était à la maison.

Nous n'avons pas besoin de dire dans

quelles dispositions elle se prépara à ce grand acte. Vierge sage, elle veilla à l'approche de l'Epoux, redoublant de vigilance, de pureté d'intention et de ferveur. Ses compagnes veillaient aussi. Rosalie Chavant était pour elles l'Ange du bon conseil.

Un jour, pendant la récréation, elle s'entretenait avec elles de la cérémonie du 18 avril qui était proche, et comme en riant, elle leur donnait à toutes un nom de religion. « Mademoiselle, vous vous appellerez Sœur une telle. » Et quand elle fut arrivée à elle, pour clore la liste : Mademoiselle Chavant, dit-elle, s'appellera Sœur du Cœur de Marie. » A quelle pensée obéirent les supérieures ? Crurent-elles devoir tout accepter de la part d'une vertu si pure, d'une âme qui recevait sans doute des inspirations de Notre Seigneur ? En réalité, trouvèrent-elles que ces choix étaient excellents ?

Quoi qu'il en soit, ils furent tous ratifiés, et Mère Saint-Benoît se hâta de les attribuer à ses futures religieuses.

Quant à Mlle Chavant qui avait ainsi préludé, sans le savoir, à la mission qu'elle devait remplir un jour, avec quel transport de joie et de reconnaissance elle reçut le nom de ses désirs ! Et certes, nous comprenons qu'il ait attiré les pieuses sympathies de la jeune fille. Le Cœur de Marie, c'est un cœur de mère infiniment aimante, un cœur de vierge infiniment pure, et s'il est entouré d'épines et percé sept fois d'un glaive de douleurs à nulles autre pareilles, ce martyre n'est pas pour éloigner nos pensées ; à lui plutôt nos regards, nos baisers et nos larmes ; car à la compassion de ce cœur maternel si vivement endolori, uni à la Passion et à la mort de Notre Seigneur, nous devons quelque chose de notre rédemption. Quelle vertu secrète, dans le Cœur de Marie, attira plus spécialement les préférences de la jeune novice? Etait-ce le lys qui la charmait? Etait-ce le glaive de douleurs qui provoquait sa générosité? Ou plutôt ce qui la captivait, n'était-ce pas cette mansuétude infinie, cordiale et bénigne au juste, miséricordieuse au pécheur, et qui répand sur tous des trésors de grâces et de tendresse? Il est tout naturel de le penser de cette âme si bonne que Dieu disposait déjà, dans le silence de la formation religieuse, à une maternité spirituelle dont la douceur devait rappeler celle de la Vierge des Vierges et de la Mère des Mères.

La prise d'habit se fit avec son cérémonial accoutumé. Mademoiselle Chavant s'appropria complètement, par l'ardeur de ses demandes et de ses réponses, ces formules saintes où il y a tant d'esprit de foi. On remarqua surtout son air paisiblement joyeux lorsqu'elle reparut vêtue du saint habit. Les jours qui suivirent furent pour elle une action de grâces ininterrompue. Elle resta au Noviciat quelques mois encore, édifiant tout le monde par sa régularité de plus en plus grande; puis un jour, le 27 septembre 1839, Mère Saint-Benoit la fit appeler et lui annonça qu'elle partirait le lendemain matin. Sœur du Cœur de Marie était envoyée à Chazey-sur-Ain. Elle aurait été heureuse de rester pour achever son noviciat à la source même de la vie religieuse; elle fut heureuse de partir, parce qu'elle obéissait.

L'établissement de Chazey était à ses débuts; il avait à ce moment pour supérieure une femme très active, assurément pieuse et sainte personne, mais avec une pointe d'originalité assez accentuée. Mère Sainte-Claire, avec ses grandes qualités et les quelques défauts qui s'y mêlaient, était admirablement choisie pour exercer les vertus de Sœur du Cœur de Marie et pour les faire valoir. La première impression ne fut pas bonne. Quand la jeune novice fut descendue de voiture et que la Mère eut donné son coup d'œil, qu'elle eut vu cet air jeune, ces membres fluets, tout cet ensemble délicat et modeste, elle ne put réprimer un mouvement de contrariété. « Une enfant ! dit-elle. Jamais elle pourra maîtriser nos grandes filles. » Et, pour un rien, elle l'aurait renvoyée au Noviciat. Cependant elle se ravisa et voulut d'abord l'essayer. Le lendemain matin, la petite Sœur se rend en classe, les regards des élèves se portent sur elle, curieux, interrogateurs, mais bons. Pour elle, sans le moindre embarras, elle se rend à la chaire et commence le *Veni Sancte ;* le ton est ferme et pieux ; c'est la foi qui parle, et les sentiments humains n'ont aucune prise sur le cœur de la jeune

maitresse. Puis elle interroge les élèves,
leur donne des explications avec sa lucidité ordinaire, les avertit du regard lorsqu'elles vont se mettre en faute ; le silence
et l'ordre règnent comme jamais. Et les
jeunes filles en sortant se disaient : « Oh !
la bonne petite Sœur ! Celle-là, nous vou-
lons la garder longtemps. » Quant à
Mère Sainte-Claire, elle était déjà revenue de ses préventions. « Si jeune, si
petite, disait-elle ! Et déjà tant d'autorité ! » C'est qu'en effet rien ne pourrait
expliquer l'influence qu'elle exerçait dès
lors sur ses élèves. Quelques-unes auraient pu être ses compagnes, et elles
la respectaient comme la plus vénérée
des maîtresses. Etait-ce l'ascendant de
sa vertu qui transpirait dans sa parole
et dans son regard ? Etait-ce ce charme
mystérieux, cette force inexpliquée que
Dieu met en toute personne née pour

commander? Elle avait plus que personne le don de l'autorité.

Mais d'ailleurs, c'était sans préjudice de la douceur et de la bonté. En classe, elle se faisait obéir sans avoir recours au ton du commandement; en récréation, elle imaginait toutes sortes d'aimables badinages pour amuser les élèves; les promenades faites avec elle étaient pleines de charme. Fièrement assis sur un escarpement de terrain comme sur une falaise, avec le ruban bleu de la rivière qui serpente à ses pieds et la haute tour du château qui domine tout le pays, le petit village de Chazey offrait aux pensionnaires des buts de promenade très agréables; mais ce qui valait mieux que ce site pittoresque, c'était le charmant esprit de Sœur du Cœur de Marie.

La seconde année de son séjour à Chazey, à la première sortie que l'on faisait, elle dit aux nouvelles venues,

au moment de partir : « Nous allons
nous promener à Blye ; c'est là que vous
verrez de beaux pensionnats ; vous regar-
derez bien. » On marchait depuis une
demi - heure , cherchant partout et ne
voyant qu'une plaine déserte. « Ma Sœur
du Cœur, fit quelqu'un, où sont donc
les pensionnaires de Blye ? je n'en vois
point. » « Comment, vous ne les voyez
pas ? » reprit-elle en riant ; et montrant
trois ou quatre superbes troupeaux de
dindons : « Regardez ces belles robes
noires et ces têtes rouges. Comme ils
sont bien costumés ! » Pendant plusieurs
jours, les pensionnaires de Blye furent
l'objet de toutes les conversations.

La gaieté était à l'ordre du jour à
Chazey ; mais il le fallait bien pour sup-
pléer aux commodités et aux agréments
de la vie ; car, dans le principe, on y
était pauvre, et, pour vivre, on y avait
recours à des industries primitives et

vraiment légendaires. Au temps de la moisson, quand les ombres de la nuit commençaient à tomber sur les champs, les Sœurs s'en allaient en groupe dans les terres d'où la récolte venait d'être enlevée, et là, au clair de la lune, elles glanaient l'épi négligé par le moissonneur; elles ne revenaient qu'à une heure avancée de la nuit, chacune rapportant sa gerbe de glanure. Il en était de même pour l'avoine et pour les pommes de terre.

Malgré son jeune âge et la délicatesse de sa santé, Sœur du Cœur de Marie était toujours la première à ces travaux pénibles.

Puis le blé étant ainsi amassé épi par épi, il s'agissait de le battre. Armée d'un fléau qu'elle avait peine à lever, notre jeune novice se livrait à ce travail, ainsi qu'elle avait vu faire à Cerdon. Une bonne femme du voisinage, intriguée par

le bruit qu'elle entendait chaque soir
dans la cour des Sœurs, chercha un jour
à y pénétrer. Quelle ne fut pas sa surprise de voir la petite Sœur, comme tout
le monde l'appelait, en tenue de travail,
suant à grosses gouttes, et frappant de
toutes ses forces pour égrener les gerbes !
Le lendemain matin, elle ne pouvait s'em-
pêcher de dire à la Supérieure : « Quelle
bonne petite Sœur vous avez là ! Comme
elle y va de bon cœur ! mais elle est
trop chétive ; c'est dommage de la laisser
travailler comme une paysanne. »

Quand le meunier avait rendu le grain
en bonne farine, il fallait encore faire le
pain pour toute la Communauté, et Sœur
du Cœur de Marie se mettait bravement
au pétrin. La première fois qu'elle dut
s'acquitter de cet office, c'était pendant
une retraite ; on l'avait laissée seule avec
quelques pensionnaires, aux besoins desquelles elle avait à pourvoir. Elle était à

démêler et à pétrir sa farine lorsque, heureusement pour elle une personne du village entra. La voyant à bout de forces, cette personne lui offrit de prendre sa place. « Vous êtes bien bonne, lui répondit la Sœur, et j'accepte avec plaisir. Vous voyez, je ne suis qu'une novice ; il me faut encore des leçons et je serai heureuse d'en prendre une. » La leçon profita et, dans la suite, ce fut elle qui habituellement fit le pain de la maison.

Il en était ainsi pour tous les travaux : lessive, jardinage, services de la maison, quelque pénibles ou répugnants qu'ils fussent, il n'y avait rien que son courage et son humilité ne pussent aborder.

Du reste, pour former la vertu de la jeune novice, Mère Sainte-Claire se chargeait de lui donner des leçons plus mortifiantes pour l'amour-propre. Sœur du Cœur avait une grande difficulté pour prononcer l'r. Chaque soir, la Supérieure la faisait venir auprès d'elle. « Vous enseignez les autres, lui disait-elle, et vous ne savez pas lire vous-même. » Et, prenant un syllabaire, elle la faisait lire, en épelant les mots les plus simples, *r, a, ra, b, r, a, bra, p, r, i, pri.* Souvent le même mot était répété jusqu'à cinq ou six fois; Sœur du Cœur s'en acquittait de si bonne grâce et avec tant d'humilité que les larmes en venaient aux yeux de ses compagnes. Si la Supérieure oubliait de l'appeler, elle venait d'elle-même avec son livre à la main. « Ma Mère, voulez-vous que je lise ma leçon? » Et l'on recommençait l'exercice de lecture.

Son obéissance devinait les ordres et prévenait les désirs : c'était l'obéissance affectueuse dont parle le Psalmiste et qui a toujours les yeux aux mains de la maîtresse de maison. *Sicut oculi ancillæ in manibus dominæ suæ.* « Elle était si pressée d'obéir qu'elle n'attendait pas que l'ordre fût donné : « Mais, ma Sœur, lui disait la Supérieure, vous ne pouvez pas savoir ce que je vous demande, puisque vous ne me laissez pas le temps de vous le dire. » Et elle de répondre : « Ma Mère, vous voulez me demander de faire telle et telle chose, » et c'était toujours vrai; car son obéissance était intelligente. « Allons, mes Sœurs, disait-elle à chacune de ses compagnes, faisons tout pour le bon Dieu, soyons bien obéissantes, aimons-nous les unes les autres, et nous serons heureuses. » Le programme était bon, comme on le voit, et elle-même se chargeait de le remplir.

Cependant la fin de son noviciat approchait et elle se préparait à sa profession avec un bonheur égal à sa générosité. « Les vœux, aimait-elle à répéter, les vœux sont comme un second baptême. » Tant elle était persuadée qu'elle allait entrer dans une vie nouvelle où l'âme est plus sainte et monte plus haut dans l'amour et dans la grâce de Dieu!

Le jour de la retraite préparatoire étant venu, elle fit le voyage de Meximieux pour s'embarquer. La voiture était partie ; il fallut revenir sur ses pas et se mettre en route à pied. De Chazey à Bourg, le trajet est long ; Sœur du Cœur le fit moitié en priant, moitié en tricotant. Mais quand elle arriva à Bourg, la nuit était venue depuis longtemps ; il était près de onze heures ; tout sommeillait au Noviciat. La vieille Anthelmette, qui faisait l'office de concierge, fut très sobre de compliments pour la jeune retardataire. « Allez, lui dit-elle sèchement, allez trouver la Sœur de la lingerie, elle vous donnera un lit. » Sœur du Cœur mourait de faim, elle n'en parla pas. Auprès de la Sœur de la lingerie, nouvel encombre. « Allez à tel endroit, vous trouverez telle postulante, vous lui demanderez de vouloir bien partager son lit avec vous. Il est trop tard pour organiser un lit maintenant. » Il fallut passer la nuit comme on put, sans fermer l'œil et sans reposer beaucoup. Le matin venu, quand Mère Saint-Benoît apprit la chose, elle voulut réparer ce que cette réception avait d'anormal. Elle fit appeler la jeune Sœur, fut étonnée de la trouver l'air tout rayonnant de joie, la combla d'amabilités et finalement lui dit : « Passez à la cuisine, je vous ai fait préparer à déjeûner. « Or, le déjeûner était une bonne soupière de farine jaune, fort appétissante. Il n'y avait qu'un malheur, Sœur du Cœur de Marie ne pouvait supporter la farine jaune. Cette série de mésaventures lui avait laissé un délicieux souvenir ; elle se plaisait plus tard à la raconter.

La cérémonie de la profession se fit le 22 avril 1841, après une retraite toute de recueillement et de prière. Sœur du Cœur de Marie était le modèle de toutes ses compagnes. Voici les termes d'une convention qu'elle adressa à chacune d'entre elles, la veille de la profession.

« Mes Sœurs, demandons les unes pour les autres l'humilité, l'obéissance et la persévérance finale. Mon Dieu, si vous prévoyez que l'une d'entre nous puisse s'éloigner de la voie dans laquelle elle entre aujourd'hui, ah ! plutôt pour elle la mort ! Oui, mon Dieu, si cette malheureuse, c'est moi, ne m'épargnez pas, je vous en supplie. » Toutes signèrent cet écrit.

La nouvelle professe, revenue à Chazey, y reprit sa vie toute de zèle et d'édification ; on l'avait crue parfaite, même avant sa profession, on la retrouva plus pénétrée de l'esprit religieux et comme plus sainte ; la beauté de son âme rayonnait et semblait entourer d'une auréole tout ce qu'elle disait et tout ce qu'elle faisait. « Nous la regardions comme une sainte, écrit une de ses anciennes élèves ; elle était un ange au milieu de nous. Un jour, je dis à la Supérieure : O ma Mère, Sœur du Cœur est bien sage ; elle prie avec tant de ferveur que, si elle venait à mourir, elle irait droit au ciel. » Et une autre, longtemps après, disait à une religieuse de Saint-Joseph : « Votre Révérende Mère, c'est un ange. Si j'ai un peu de piété, c'est à elle que je le dois ; car dans ma famille, malheureusement, personne n'est pratiquant. Mais les exemples de Sœur du Cœur ont laissé chez moi une impression qui a duré toute ma vie. Elle craignait tellement le mal que je l'ai vue pleurer, dans la crainte que nous ne l'eussions fait. » Et, en effet, si parfois dans les promenades quelque chose d'inconvenant venait à s'offrir aux regards, sa pudeur s'épouvantait à la pensée que l'innocence des jeunes âmes qui lui étaient confiées avait pu être blessée, et elle versait des larmes silencieuses et amères.

Au dortoir, elle faisait réciter aux pensionnaires, au moment du coucher, toutes sortes d'invocations pieuses à Marie Immaculée, à saint Joseph, aux saints Anges gardiens ; puis, passant à travers les rangs, elle engageait les couvertures sous les matelas, veillait à ce que chacune de ses élèves fût bien arrangée, et enfin elle allait elle-même se coucher dans l'alcôve voisine dont elle écartait les rideaux pour surveiller.

Ce dortoir est aujourd'hui transformé en classe à l'usage des pensionnaires; une pensée de piété filiale a fait ériger dans l'alcôve même où la Sœur couchait, un charmant oratoire dédié au Cœur de Marie et qui semble tout imprégné encore du parfum de ses vertus si douces et si intérieures : l'humilité et la vie cachée en Dieu. Quand la Révérende Mère du Cœur de Marie connut l'usage que l'on voulait faire de cette alcôve, elle remit à la Supérieure de Chazey une certaine somme pour aider à l'ornementation de ce cher petit oratoire. C'est comme une précieuse relique que garde cette maison où se sont écoulées cinq années de cette existence si belle.

La table de communion de l'église de Chazey est également un de ses dons. Mais un souvenir plus vivant, c'est celui qu'elle a laissé dans tous les cœurs. « Oh ! la sainte petite Sœur, disent encore les vieilles gens de l'endroit ! Comme on l'aimait ! Elle savait tout faire: orner les autels, préparer de jolis mois de Marie ; et avec cela un air si bon, si pieux ! »

Son occupation de préférence était de préparer les enfants à la confession et à

la sainte communion ; elle s'y était formée bien jeune, nous l'avons vu, et
elle y excellait. Trois jours avant, elle
leur faisait ajouter à la prière du matin
et du soir un *Pater* et un *Ave* en
guise de préparation ; et pendant les
trois jours qui suivaient, en action de
grâces. Chaque dizaine de chapelet était
accompagnée du nom d'une vertu de la
Sainte-Vierge, à chaque *Ave* était ajouté
le nom d'un Saint ou d'une Sainte sous
la protection de laquelle on se mettait,
suivant son choix. Et ces pieuses pratiques, où chacune de ces petites âmes
était poussée à l'amour de Dieu en s'orien-
tant elle-même d'après ses propres affections, leur donnaient à toutes un élan
singulier. Puis c'étaient à tout instant des
recommandations ayant rapport à la modestie du maintien : « Mes enfants, votre
bon Ange est toujours près de vous ;
il surveille vos actions, il écoute vos

paroles, pour en rendre compte à Dieu. »
Ou bien, lorsqu'on avait mérité quelque
reproche, elle le faisait avec bonté et,
portant la main sur son cœur, elle
disait : « C'est là que nous faisons mal au
bon Dieu, lorsque nous commettons des
sottises. » Je ne connais rien de plus vivant ni de plus persuasif que ce langage
approprié à la conscience des enfants.

Le pensionnat était devenu très pros-
père dans l'intervalle de ces cinq années;
c'était la réalisation de cette parole que
Sœur du Cœur de Marie aimait à répéter : « Quand on se dévoue, le bon Dieu
vous bénit ». Les élèves affluaient à Chazey ; elles y étaient heureuses et sages.
La Supérieure appréciait de plus en plus
la sainte religieuse en qui elle avait une
si humble et si active collaboratrice, elle
l'avait choisie comme compagne de défi,
et elle disait souvent : « Quand je perdrai
mon Cœur, je perdrai tout. »

Mais ailleurs on savait le prix de cette perle cachée. Le Curé de Chazey, homme de distinction et d'un rare bon sens, M. l'abbé Chaise, ayant reçu son changement, avait prévenu la Supérieure générale, Mère Saint-Claude, que la Congrégation avait à Chazey un sujet d'un mérite extraordinaire. « Vous avez là, disait-il, un chandelier magnifique; ne le laissez pas sous le boisseau; je ne crois pas que parmi toutes vos religieuses vous trouviez un sujet qui réunisse plus de qualités. » Les souvenirs laissés au Noviciat par la jeune Sœur dont il était question confirmaient de tous points un jugement aussi élogieux. Mère Saint-Claude se hâta d'appeler Sœur du Cœur de Marie à la maison-mère. C'était le 9 octobre 1844. La jeune Sœur rentrait à Saint-Joseph pour n'en plus sortir.

CHAPITRE III

FORMATION, VIE CACHÉE

LA mission qui était confiée à Sœur du Cœur de Marie, en même temps qu'elle témoignait de la haute idée que ses Supérieures avaient de son mérite, exigeait d'elle des qualités précieuses de savoir et de méthode. Investie du titre de première maîtresse des postulantes, chargée d'un cours supérieur où devait se faire le couronnement de leurs études, il fallait qu'elle réunit un ensemble de connaissances aussi approfondies qu'étendues. Littérature, grammaire, sciences, histoire, le programme renfermait tout, et il aurait pu effrayer Sœur du Cœur, si elle n'avait eu dans l'âme cette assurance intrépide de ceux qui ne savent qu'obéir.

Elle aborda sa nouvelle tâche avec une sorte de respect attendri. Ses élèves, c'étaient des jeunes filles à l'esprit ouvert et cultivé, au cœur ardent au bien ; elles devaient être un jour des Epouses du Christ, et déjà elles regardaient, par dessus la leçon de chaque jour, aux radieuses perspectives de la virginité chrétienne. Quoiqu'elle ne fût pas chargée de la préparation immédiate et directe à la vie religieuse, cette partie incombant entièrement à Sœur Saint-Placide, la jeune maîtresse entendait bien y concourir par la formation intellectuelle de ses élèves ; car la trempe sérieuse de l'esprit importe beaucoup : plus ses tendances sont élevées, ses notions précises, son sens ferme et droit, plus le cri de la conscience devient fort, ses affections pures et ses exigences délicates. Puis, derrière ces jeunes filles qu'elle instruisait, Sœur du Cœur de Marie apercevait une armée de petites âmes qu'elles devaient former à leur tour, et qui attendaient d'elles le pain de la science chrétienne ; et son zèle s'exaltait à la pensée du bien qu'elle pourrait faire, si Dieu daignait bénir son travail.

Avoir affaire à la jeunesse, c'est être spécialement aimé de Notre Seigneur. Quel honneur et quel charme d'entretenir dans leur fraîcheur les sources vives de générosité et de passion pour le bien, ouvertes en nous par le baptême, et d'y ajouter chaque jour par des enseignements puisés aux livres les meilleurs! Sœur du Cœur de Marie apportait à ce ministère autre chose que cet entrain purement naturel que l'on éprouve au contact de la jeunesse. Animée des pensées de la foi, elle ne voyait devant elle que des âmes, et quelles âmes ! comblées et pénétrées des bénédictions du bon Maître, marquées déjà du signe de la vocation et toutes vibrantes de l'amour divin ! Et à l'exemple de Dieu lui-même, qui, dans toutes ses œuvres, n'a en vue que les âmes à sauver et à perfectionner pour sa gloire, c'étaient les âmes qu'elle voulait atteindre, en éclairant l'esprit de ses élèves. Malgré les différences de l'âge et du milieu, ses moyens d'action furent les mêmes qui lui avaient si bien réussi à Cerdon. Nature sincère avec elle-même, ses vertus ne faisaient que croître sans se modifier, et à mesure que l'âge lui donnait plus de maturité, le charme de sa bonté semblait plus exquis, et l'ascendant de ses aimables et fortes qualités, plus irrésistible.

Bien qu'un certain nombre de ses élèves fussent plus âgées qu'elle, sa supériorité fut acceptée dès le premier instant; mais dans le sentiment qu'elle inspirait, il y avait encore plus d'affection que de respect; on allait en toute confiance à cette jeune maîtresse que l'on trouvait toujours d'une humeur égale, d'une bonté inépuisable, qui ne s'impatientait pas, et dont le cœur n'apparaissait jamais mieux que lorsqu'il y avait un reproche à faire. Un jour cependant, une postulante osa risquer une réponse : ses leçons n'avaient pas été sues; prise en défaut, elle dit sur un ton un peu ému que le programme de la classe était trop chargé, qu'elle ne pouvait suffire à la tâche. Bientôt le sentiment de sa faute lui revint au cœur, elle alla se jeter aux pieds de sa bonne maîtresse. « Relevez-vous bien vite, lui dit celle-ci ; ce qui s'est passé n'est rien, soyez sûre que vous ne m'avez point fait de peine. Soyez tranquille et priez pour moi, afin que je devienne une bonne religieuse. Et moi aussi je prierai pour vous. Nous prierons ensemble, n'est-ce pas? »

S'il arrivait que Sœur Saint-Placide eût des observations à faire, le cas était plus grave; mais Sœur du Cœur était là immédiatement, excusant ses élèves et promettant pour elles plus de fidélité et d'exactitude dans l'observation de la règle.

Puis, avec sa conscience délicate et généreuse, elle était portée à s'imputer à elle-même tout ce qu'il pouvait y avoir de défectueux; que de fois les prétendantes la virent demander des pénitences! et elles en étaient confondues, car elles n'avaient jamais surpris la moindre négligence de sa part dans l'accomplissement de son devoir.

Il est peu de vies aussi occupées que

le fut bientôt celle de Sœur du Cœur. En effet, au bout de deux ou trois ans, elle reçut la haute direction de l'enseignement dans toutes les classes, il lui fallut se rendre compte de tout, suivre la correction des devoirs et le travail des élèves dans les autres cours, sans préjudice des classes qu'elle faisait elle-même du matin jusqu'au soir, dans le cours supérieur. Et, pendant ce temps, sa propre instruction n'était pas négligée. Elle savait que, sous peine de langueurs et de dépérissement, les sources de la vie intellectuelle doivent être constamment renouvelées, comme le sang dans nos veines, et, quelque pénible que fût l'enseignement, quelque temps qu'il lui prît, elle ne se laissait pas tellement absorber par ce travail purement extérieur, qu'elle ne se réservât chaque jour quelques instants pour étudier elle-même.

A certaines époques, l'ardeur redoublait autour d'elle, on préparait les examens, ces fameux examens à la suite desquels se délivraient les certificats ou lettres d'obédience qui tenaient lieu des brevets d'aujourd'hui. La Commission, présidée, comme nous l'avons dit, par Mgr Devie, était composée d'hommes d'un savoir éprouvé : M. Huet, curé de Bourg ; M. Perrier, alors aumônier de la Madeleine ; MM. Nuguet, Niermont et Pernet, directeurs du Grand-Séminaire ; M. Terrier, aumônier du Noviciat, jury tout à la fois bienveillant et redoutable, dont les décisions étaient la justice même. Préparées avec soin et par un esprit méthodique, les prétendantes répondaient généralement avec précision et justesse aux questions qui leur étaient adressées ; et ces examens étaient de vraies fêtes littéraires auxquelles on était heureux d'assister.

Un moment arriva même où la préparation devint plus sérieuse encore. Il y eut des cours de mathématiques faits par M. Perrier et par M. l'Inspecteur d'académie dont le nom et le souvenir sont restés, dans la Congrégation, entourés de tant de respect; Sœur du Cœur assistait à ces cours comme la première des élèves, notait toutes les explications, faisait tous les devoirs, sans se préoccuper des comparaisons qui pourraient se produire entre ses copies et les autres.

Nous avons parlé d'esprit méthodique. Sœur du Cœur ne butinait pas à l'aventure avec son essaim de jeunes filles. L'ordre, l'esprit de suite, le respect des traditions présidaient à son enseignement. De quelques brillantes qualités qu'elle soit pourvue, qu'est-ce qu'une personnalité auprès d'une méthode, quand cette méthode est faite d'après l'expérience des premiers maîtres, consacrée par le succès et bénie de Dieu, comme tout ce qui tient à l'obéissance? Il est un petit livre de 300 pages pleines de choses et de doctrine, où l'auteur s'adresse aux religieuses qui ont l'insigne honneur d'être appliquées à l'éducation de la jeunesse. En quelques chapitres préliminainaires, nourris de la moëlle des auteurs spirituels les meilleurs, il rappelle à la maîtresse qui veut être digne de ce nom ses devoirs envers Dieu, envers ses élèves, envers elle-même. Descendant ensuite dans le détail de la vie pratique, il étudie les matières d'enseignement et les moyens de succès et donne, en passant, les plus sages conseils. *Le Manuel d'une Religieuse institutrice* est un des traités de pédagogie les plus sérieux que l'on puisse consulter. Certaines pages ont vieilli peut-être, ou, plutôt, elles ont conservé l'immortelle jeunesse de la vérité et de la sagesse chrétienne; seulement un siècle

novateur a tout bouleversé, depuis quelques années, dans le champ de l'éducation
publique; il fait des essais sur l'âme de
l'enfant, et ses théories, à travers lesquelles apparaissent toutefois des idées
heureuses, n'ont pas donné jusqu'ici des
résultats qui puissent faire oublier les
anciennes méthodes.

A l'époque où Sœur du Cœur de
Marie enseignait au Noviciat, le *Manuel*
venait de paraître. C'était Mère Saint-
Claude qui l'avait composé avec le concours du pieux et savant M. Perrier;
elle s'était aidée également des conseils
des Sœurs qui s'étaient le plus distin-
guées dans la pratique de l'enseignement, et ce petit livre, fruit d'un travail
considérable, était ainsi comme le résumé
de la sagesse des vénérables anciennes.
Depuis lors, il a formé par milliers
d'admirables institutrices qui, sur tous
les points du diocèse de Belley et dans

un certain nombre de grandes villes, se sont consacrées à l'éducation de la jeunesse avec un dévouement que Dieu a daigné bénir, parce qu'il était humble et désintéressé.

Sœur du Cœur de Marie avait pour le *Manuel* plus que de l'estime, un véritable respect; elle le prônait et, pour sa part, elle l'appliquait à la lettre : c'était comme une partie de la sainte Règle et elle n'avait garde de s'en écarter. Pour son édification personnelle, elle relisait constamment le chapitre de l'*Humilité* et celui qui a pour titre : *Soigner sa piété*. Et cette vraie religieuse de Saint-Joseph, toujours avide de se pénétrer de plus en plus de l'esprit de la Congrégation, continua cette pieuse pratique toute sa vie.

Devenue Supérieure Générale, elle ne manquait pas de faire lire aux Sœurs quelques chapitres du *Manuel* avant la

rentrée des pensionnats, et elle recommandait instamment de ne pas oublier le
cher petit livre : « Ah! si vous saviez,
disait-elle, combien de peines le *Manuel*
a coûtées à Mère Saint-Claude, et au
prix de quelles consciencieuses recherches il a été fait! »

Ce qui lui plaisait sans doute le plus
dans ce livre, c'était le parfum de piété
qu'on y respire d'un bout à l'autre, ces
remarques saintes et ces appels à la
vie intérieure qui répondaient si bien au
besoin de son âme. La science profane
enfle et dessèche le cœur. Mais quel
charme se répand à travers ses leçons,
lorsque les lèvres qui la distillent sont
imprégnées des pensées de la foi! Dans
l'enseignement de Sœur du Cœur de
Marie, tout devenait occasion de faire
du bien, parce qu'elle aimait Dieu. *Dili-
gentibus Deum omnia cooperantur in
bonum.* A chaque instant c'était un mot

d'édification ; cela était rapidement dit et n'interrompait pas la leçon, mais cela suffisait pour élever les cœurs à Dieu. Lorsque l'heure sonnait : « Vite en la présence du bon Dieu, disait-elle, » et on la voyait, les mains jointes, immobile, recueillie, parfois murmurant une prière ; ses élèves étaient profondément touchées. Quand elle les menait en promenade, tout le long de la route, c'étaient des entretiens sur des sujets sérieux ; l'histoire de Brou, son architecture, ou bien quelque point d'histoire qu'on avait effleuré en classe. Arrivé au but de la promenade, on s'asseyait un peu loin de la route, parfois on devisait joyeusement, ou bien on parlait de Notre Seigneur, de sujets religieux, de la sainte Règle, on en lisait un chapitre que la pieuse maîtresse commentait. Jamais elle ne parlait avec autant d'âme que lorsqu'il était question de la sainte Communion ; l'on voyait bien, dit une de ses élèves, que là étaient ses délices.

Quand approchaient les fêtes de Noël, sa piété naïve faisait préparer, dans les mortifications de chaque jour, les langes de l'Enfant Jésus et les pailles de sa crèche ; car elle avait la pieuse habitude de saint Ignace, de compter, chaque jour et chaque semaine, les mortifications qu'elle pouvait offrir à Dieu. Quelques-unes de ses élèves étaient étonnées en commençant et avaient quelque peine à se plier à ses petites pratiques ; mais la chère et sainte maîtresse le faisait elle-même de si bon cœur que son exemple entraînait tout. Chaque mois avait sa pratique et son oraison particulière. Avant Noël, voici l'invocation que l'on récitait : « Je vous adore, ô Jésus, dans le chaste sein de votre sainte Mère. Je vous offre mon cœur pour crèche et mon âme pour berceau. »

Quand les fêtes de Noël étaient passées, c'était une autre formule sur le même mystère d'amour divin : « O Jésus, quittez la paille fraîche, et venez dans mon cœur, faire une nouvelle crèche. » Que les élèves et les compagnes de Sœur du Cœur recueillent ici ces deux perles de la tendre piété de leur Mère. Elles en ont d'autres dans leur mémoire qui ne sont ni moins précieuses, ni moins pures.

Rien n'était plus joyeux que la petite troupe des prétendantes sous l'aile maternelle de Sœur du Cœur. Elle pourvoyait à tous leurs besoins et veillait sur elles comme une mère. Le soir, après coucher, elle les visitait au dortoir, voyant si tout reposait bien en ordre et en paix ; dans la journée, en récréation, elle s'occupait de leur santé, de leurs petits ennuis, de tout ce qui pouvait leur être à cœur ; on se donnait à elle en toute confiance, et son accueil affable et cordial mettait tout le monde à l'aise. « J'étais indécise, écrit une Sœur formée par elle, sur le choix de la Congrégation à laquelle le bon Dieu m'appelait. D'après le conseil de mon confesseur, je vins à Bourg afin de voir si le genre de vie, la société, la maison de Saint-Joseph, me conviendraient. La personne à laquelle on m'adressa tout d'abord était la maîtresse des prétendantes. Quand je vis cette bonté simple et gracieuse, cet épanouissement du cœur qui apparaissait sur les traits et dans toutes les paroles de Sœur du Cœur de Marie, je fus gagnée. Et c'est à elle, après Dieu, que je dois la faveur d'être à Saint-Joseph. »

Cependant, il s'était écoulé près de dix ans depuis que Sœur du Cœur de Marie avait été nommée à ces fonctions délicates; elle avait fait preuve d'aptitudes toutes spéciales pour l'œuvre de l'éducation et de la direction d'autrui. Mais on avait besoin d'elle dans une partie tout à fait différente, et il fallait qu'elle y passât également quelques années de sa vie, afin que rien ne lui manquât pour le grand ministère auquel Dieu la préparait. Déjà plus d'une fois Sœur Saint-Placide avait eu recours à elle pour les comptes et les travaux du secrétariat. Elle eut bientôt reconnu en sa jeune collaboratrice un esprit d'ordre et une entente merveilleuse aux affaires, une mémoire qui pouvait tout retenir et savait tout classer, et une facilité remarquable de compter. Elle la proposa pour la direction du secrétariat. De son côté, Mère Saint-Claude, depuis dix ans, avait suivi de près la Maîtresse des prétendantes. Elle l'avait vue à l'œuvre et lui accordait la plus entière confiance; et certes, l'estime où la tenait une Supérieure si entendue dans la connaissance des hommes n'est pas

une médiocre preuve du mérite de Sœur
du Cœur.

Chose singulière ! ces deux natures, qui
s'appréciaient si bien, étaient très différentes et de qualités presque opposées.
Mère Saint-Claude, femme d'une intelligence supérieure et née pour le commandement, avait l'intuition rapide de toutes
choses, une énergie de volonté devant
laquelle tous les obstacles pliaient, une
spontanéité de parole, vive, primesau-
tière, quelquefois un peu âpre, et dont
l'humilité et la charité venaient ensuite
atténuer les formes. C'était la femme
forte, mais à la trempe virile.

Il entrait dans la vertu de Sœur du Cœur
de Marie plus de ces douceurs féminines
qui mettent tant de charme et de grâce
dans l'exercice de l'autorité. Au secrétariat, n'ayant qu'à obéir, elle portait
dans l'accomplissement de sa tâche une
patience et une égalité d'humeur que

l'on ne pouvait jamais prendre en défaut. Parfois, il est vrai, sa conscience était embarrassée à travers ces questions d'intérêts si complexes et si multiples, à la solution rapide desquelles l'habitude seule peut vous former. Alors Mère Saint-Claude intervenait : elle expliquait et arrangeait tout avec son entrain ordinaire et quelque vivacité. A la fin, craignant d'avoir fait de la peine à sa timide secrétaire qui écoutait sans rien dire : « Je vous fais bien souffrir, ma Sœur, lui disait-elle. » — « Oh! comment, ma Révérende Mère? reprenait Sœur du Cœur avec son bon sourire. Je suis confuse de ce que vous me dites là. Croyez que je vous suis bien reconnaissante du service que vous venez de me rendre. » Et, en effet, plus d'une fois la rondeur de la Supérieure générale lui fut profitable. Un jour, Sœur du Cœur se plaignait à elle de ce qu'en confession l'on était obligé

de répéter toujours les mêmes choses.
« C'est vrai, ma chère Sœur, répondit
la Révérende Mère, c'est ennuyeux de
répéter tous les quinze jours que l'on a
eu quelques distractions dans ses prières,
que l'on a fait quelques manquements
à l'obéissance religieuse ou à la charité.
Eh bien, tenez, ajouta-elle en riant,
prenez cet encrier et jetez-le moi à la
tête ; cela fera une variété dans vos
accusations, puisque vous trouvez si monotone d'accuser toujours les mêmes
fautes. Que voulez-vous ? on accuse ce
qu'on peut, ce qu'on a à dire. Tant pis
ou tant mieux pour celles qui mettent de
la variété dans leurs accusations. » La
leçon était vive, mais d'un bon sens qui
ne laissait rien à dire.

Veut-on voir encore, par un exemple,
comment la Supérieure générale formait
Sœur du Cœur de Marie et en quelle
estime elle la tenait ? Une jeune novice

(c'est elle-même qui le raconte) avait besoin d'apprendre jusqu'où doit aller l'humilité religieuse. Pour lui donner une leçon, la Révérende Mère fait venir Sœur du Cœur, et, prenant un ton sévère, elle lui adresse, en présence de la novice, la plus dure et la plus pénible remontrance. L'humble secrétaire demande pardon, promet de mieux faire à l'avenir et se retire en se confondant en excuses et en remerciements.

Au reste, tout en la formant à cette rude école, la Révérende Mère Saint-Claude en était arrivée à ne rien faire sans prendre l'avis de Sœur du Cœur de Marie ; elle semblait la préparer à la direction de la Congrégation toute entière. Inutile de dire combien l'humilité de notre bonne Sœur souffrait de se voir honorée de la sorte.

Une autre tendresse veillait sur la jeune Secrétaire et se plaisait à nourrir les plus belles espérances sur son avenir. La nouvelle Assistante, Mère Saint-Placide, avait précédé Sœur du Cœur de Marie à la classe des prétendantes, puis au secrétariat; c'était elle qui l'avait initiée à ces deux emplois, et il n'avait pas fallu longtemps à ces deux âmes pour se comprendre et s'aimer. Mère Saint-Placide était d'une vertu très douce, éminemment sympathique et qui répondait parfaitement à son nom. Son affection si franche et si cordiale aimait à se répandre sur toutes celles qui l'approchaient; mais Sœur du Cœur était sa fille de prédilection. Son regard avait plongé jusqu'au fond de ce cœur qui ressemblait au sien, et elle n'y avait trouvé que pureté et bonté. Chez toutes deux, c'étaient les mêmes pensées, la même délicatesse de sentiment, une piété également affectueuse, une vie intérieure plus expansive chez la Mère, plus retenue et plus concentrée chez la fille, mais qui, de part et d'autre, allait jusqu'aux profondeurs de l'âme. Elles devaient se suivre toujours et continuer à vivre ensemble, jusqu'à ce que la mort vînt les séparer un moment pour les réunir ensuite dans le sein du Dieu qu'elles avaient tant aimé.

Mais si Sœur du Cœur de Marie avait au secrétariat les regards bienveillants de ses deux Supérieures, elle était comme ignorée du reste du monde. Jusqu'en 1854, époque à laquelle elle fut chargée exclusivement des fonctions de secrétaire, son rôle d'éducatrice la mettait forcément en vue ; elle avait un champ d'action bien vivant, une famille, un groupe d'âmes qu'elle marquait de son empreinte et qui palpitaient, sous sa main, du désir de devenir meilleures et d'aimer Dieu davantage. Maintenant, la voilà confinée dans un bureau, au milieu des papiers et des

livres de comptes. C'est la vie du compta-
ble silencieux, sans mouvement et sans
initiative, qui semble n'avoir que les
pensées des autres, n'agir que d'après
leur volonté, rouage inconscient et ina-
perçu, qui doit être impénétrable, parce
que ses secrets ne sont pas à lui, qui
n'a pas le droit de déverser dans un cœur
ami le trop plein de son cœur. C'est l'an-
nihilation des forces humaines les plus
personnelles et les plus vives. La vertu
chrétienne accepte ce rôle, le sourire aux
lèvres, et n'attendant ni salaire, ni sort
plus agréable, elle le remplit avec joie
aussi longtemps qu'il plaît à Dieu de le
lui conserver. Sœur du Cœur de Marie
le garda près de onze ans, et ce fut
pour elle, pendant ce laps de temps, une
vie absolument cachée, où elle n'occupa
l'attention de personne, où elle resta
ignorée, inconnue, à tel point que, plus
tard, lorsqu'elle fut nommée Assistante,

un grand nombre de Sœurs ne savaient de qui il s'agissait. Mais, ainsi que le dit l'apôtre saint Paul, lorsqu'on vit de la vie cachée, on vit avec Jésus. *Vita nostra est abscondita cum Christo in Deo.* Lui-même n'est-il pas le Dieu caché de la Crèche, de la Croix, de l'Hostie ? *Tu es Deus absconditus.* Et dans le gouvernement du monde même, où l'homme s'agite et se montre partout, où les événements voilent si souvent la pensée de la Providence, n'est-il pas encore un Dieu caché ?

Notre pieuse Secrétaire s'enfonça avec bonheur dans cette vie de retraite, mais non de repos, n'ayant plus de témoins de son zèle que Dieu et ses supérieures, et appliquée uniquement aux devoirs de sa charge. Il lui fallait faire la correspondance générale avec toutes les administrations, centraliser la comptabilité de tous les établissements de la Congrégation, traiter les questions financières concernant les novices et les sœurs. Dans tous les détails de ce vaste mouvement d'affaires on retrouvait son esprit d'ordre et la délicatesse de sa conscience : rien n'était laissé à l'aventure ni dans l'indécision, tout était parfaitement réglé, et à la satisfaction générale. Quand l'on construisit l'établissement de Saint-Georges, ce fut elle qui tint toute la comptabilité, qui fit tous les actes, paiements, remboursements et emprunts : on n'eut pas lieu de regretter dans sa gestion la plus légère erreur.

Au milieu de ces affaires d'intérêts, elle était loin de négliger les vertus religieuses. Son esprit de détachement et son humilité ne manquaient aucune occasion de s'exercer. On lui avait donné, quelques années auparavant, un objet dont elle se servait pour son usage personnel; on le lui reprit sans lui en rien dire. Bien que, par sa vertu, elle se mît au-dessus des souffrances de l'amour-propre, Sœur du Cœur était d'une nature assez fine et assez délicate pour sentir vivement tout ce que le procédé avait d'insolite. Elle ne se plaignit pas pourtant, mais plus tard elle disait : « Cet objet était de valeur minime, il fut cependant pour moi l'objet d'un acte de vertu; car, sur le moment, il m'en coûta, soit de m'en séparer, soit de me le voir reprendre de cette façon. »

Un jour, dans une allée du jardin, Mère Sainte-Marthe, alors Supérieure de la Madeleine, et Sœur du Cœur de Marie étaient à discuter une affaire qui paraissait les intéresser beaucoup. Le petit débat ne fut pas très long. La jeune Secrétaire exposa d'abord sa manière de voir; Mère Sainte-Marthe reprit en lui démontrant qu'elle n'était pas de tous points exacte. Sœur du Cœur écoutait en

silence et approuvait: non loin de là
était un groupe de prétendantes qui les
observaient, sans pouvoir d'ailleurs les
entendre. La discussion terminée, Sœur
du Cœur éleva la voix de manière à être
entendue : « Mère Sainte-Marthe, dit-
elle, je vous prie de me pardonner; j'ai
manqué de jugement dans cette affaire. »
Rien ne nous semble édifiant comme
pareil aveu fait en des termes aussi mor-
tifiants pour l'amour-propre, et devant
des jeunes filles à l'estime desquelles elle
devait tenir.

Veut-on maintenant un trait choisi
entre mille pour montrer sa modestie ?
C'était au parloir; une jeune Sœur accompagnée d'un de ses parents, personne
d'un âge fort respectable, attendait la
Secrétaire pour un arrangement de famille.
Quand elle parut, cet homme se leva et,
pour la saluer, lui présenta la main.
Sœur du Cœur n'approuvait pas cette

manière de salut, elle la jugeait inconvenante pour une religieuse. Cependant elle ne fut pas embarrassée. Tendant à son tour la main, elle prit une chaise et l'offrit très gracieusement à son interlocuteur. L'entretien terminé et cet homme parti, elle craignit d'avoir fait de la peine à la Sœur. « Si j'ai agi de la sorte, lui dit-elle, ce n'est pas par manque de déférence à l'égard de votre parent; je suis pleine de respect pour son âge et pour son caractère; mais cette manière de saluer n'est pas admise parmi nous, et il me semble qu'elle ne convient pas à une religieuse. »

Etre une vraie religieuse toujours et partout, aimer Notre Seigneur et la sainte pauvreté, l'humilité et l'obéissance qu'il a tant aimées lui-même, garder dans sa fraîcheur cette fleur de décence et de pureté, la seule parure de l'habit religieux, et à l'extérieur, se conformer non pas seulement aux recommandations expresses que la Règle peut faire, mais à tout ce qu'elle insinue ou qu'elle sousentend, pour sauvegarder l'honneur et la gravité de ce saint état, c'était là un principe de conduite dont elle ne se départait pas un seul instant. Dans un groupe où elle se trouvait, on demandait s'il fallait avoir déjà passé la guimpe pour baiser terre au lever, ainsi qu'il est recommandé : « La Règle porte qu'il faut être entièrement habillée, répondit-elle. Si je me permettais cela, j'aurais peur que Notre Seigneur ne me dit : Je ne te reconnais pas pour une fille de Saint-Joseph, puisque tu n'en as pas le costume complet. »

Ainsi, c'était la Règle toujours, la Règle inspirant toutes les pensées, dictant toutes les démarches et devenant comme la trame de la vie entière. On sentait bien autour d'elle que personne ne saurait la maintenir comme celle qui l'observait si parfaitement elle-même.

Aussi fut-elle naturellement désignée au choix de Monseigneur de Langalerie lorsqu'en 1858 il nomma une conseillère. Sauf ses anciennes élèves qui la vénéraient, on la connaissait peu dans la Congrégation, tant elle avait eu soin de se faire ignorer ; et quelques religieuses avaient dans l'âme les appréhensions que cause toujours l'inconnu.

Elles ne tardèrent pas à être rassurées ; il leur suffit d'avoir une affaire à traiter avec elle. « Nous avions bien tort de craindre, disaient-elles ; Sœur du Cœur est si bonne ! elle nous porte un intérêt tout maternel. »

Cependant Mère Saint-Claude achevait, dans les souffrances d'une maladie douloureuse et patiemment supportée, une vie féconde en œuvres de zèle et de charité. Elle travaillait toujours comme

un bon soldat du Christ, qui veut mourir
sur le champ de bataille. Mais la Mère
Saint-Placide allégeait par le dévouement de sa piété filiale la charge de la
supériorité devenue bien lourde pour les
forces affaiblies de la Révérende Mère.
Ces deux âmes de qualités si disparates
et de vertus si également méritoires, sentaient, à mesure qu'approchait la séparation dernière, se resserrer de plus en
plus les liens de cordiale charité qui les
unissaient.

Ce fut à la fin de 1865 que Mère
Saint-Claude alla recevoir sa couronne
au ciel. Quelques jours plus tard, le
11 novembre, Mère Saint-Placide était
nommée Supérieure générale de la Congrégation de Saint-Joseph, et bientôt
après Mère du Cœur de Marie lui était
donnée comme Assistante. La mort d'un
côté, la responsabilité de l'autre faisaient
peser sur ces deux âmes une angoisse

terrible. Nous avons les plaintes de la première dans la prière si touchante qu'elle écrivit le soir même de son élection et dans la lettre qu'elle adressa, quelques jours après, à ses Filles de Saint-Joseph. L'illustre biographe de Mère Saint-Placide a recueilli pieusement ces cris du cœur, ces sons harmonieux et émus d'une âme toujours vibrante de foi et de tendresse. Quant aux larmes de Mère du Cœur, elles furent silencieuses. Mais Dieu sait combien elle en versa, soit dans ses prières, soit dans certaines plaintes discrètes et désolées qu'elle confiait à ses compagnes!

La charge qu'elle venait de recevoir l'effrayait. Mais les autres eurent lieu de s'applaudir du choix qui avait été fait. Elles étaient pénétrées de respect devant ce mélange de gravité et de piété si douce. A la retraite, chaque fois qu'elle disait les grâces, elle édifiait profondément toutes les retraitantes. Quand on l'approchait, on n'en revenait pas de cette amabilité simple et franche qui mettait tout le monde à l'aise. Que ce fût en public ou en particulier, on était gagné dès qu'on avait passé quelques instants auprès d'elle.

Puis, dans les affaires, quelle habileté et quelle sûreté de coup d'œil! Il y avait plus de vingt ans qu'elle était à la Maison-Mère, soit au Noviciat, soit au Secrétariat. Peu connue elle-même, elle avait tout observé, tout noté, et sa prodigieuse mémoire avait tout retenu : questions et personnes lui étaient également familières. Lorsqu'il s'agissait d'un sujet à placer, on avait soin de recourir tout d'abord aux notes et aux souvenirs de Mère du Cœur; son appréciation faisait loi, et l'événement en confirmait toujours la justesse.

Mère Saint-Claude lui confia encore

d'autres fonctions qui la mirent en rapports plus immédiats avec les religieuses de la Congrégation. Déjà, depuis qu'elle était conseillère, Mère du Cœur avait fait la visite annuelle de différentes maisons. Une fois qu'elle fut investie de la charge d'Assistante, elle eut à remplir beaucoup plus souvent ce consolant ministère. Quand deux ou trois religieuses sont restées, toute une année, isolées de leurs sœurs, perdues au fond d'un pauvre village, confinées dans leur labeur journalier, aux prises avec les difficultés que leur suscitent trop souvent la malveillance ou l'ingratitude, comme elles sont heureuses de recevoir les chères visiteuses qui leur apportent du foyer commun de leurs affections le reconfort, le bon conseil et les bénédictions de la Révérende Mère ! Et quel charme s'y ajoute, lorsque cette visite est accompagnée des paroles aimables et du

maternel sourire qu'avait toujours sur
les lèvres Mère du Cœur de Marie!
C'était un rayon de bon et joyeux soleil
qui pénétrait dans la demeure paisible
des Sœurs, une brise légère venue du
doux pays du Noviciat, et qui rafraichis·
sait et rajeunissait tout.

Elle s'enquérait de tous les détails,
encourageait le dévouement de chacune
et veillait surtout à l'observation scrupuleuse de la sainte Règle. Elle avait
pour principe de signaler à l'attention
et de défendre sévèrement les moindres
infractions, fissures invisibles d'abord qui
s'élargissent bien vite, et par lesquelles
s'introduit ensuite à flots l'esprit d'indé-
pendance et de mondanité. Ses recommandations étaient d'autant plus accep-
tées avec bonheur et suivies avec fidélité qu'elle-même était sur tous les
points la représentation vivante de la
Règle. Malgré la joie qu'apportait sa pré-

sence sous l'humble toit de ses Sœurs,
jamais elle n'aurait toléré qu'il se fît en
son honneur la plus petite exception aux
prescriptions ou aux usages de l'Institut; et si parfois la table prenait un
petit air de fête, on avait grand soin de
ne pas la consulter d'avance.

En 1866, elle vint à Cerdon pour la
visite annuelle. Comme elle ne s'était
pas fait annoncer et qu'elle arrivait à
une heure fort tardive, tout dormait chez
les Sœurs, lorsqu'elle y arriva. Une religieuse qui fut réveillée voulait prévenir
Mère Sainte-Blandine et donner l'éveil
à la Communauté. « Gardez-vous en bien,
ma Sœur, lui dit Mère du Cœur; c'est
le moment du grand silence et il ne
faut pas y manquer. — Mais au moins,
ma Mère, vous seriez logée plus conve-
nablement. Je ne puis vous offrir que
notre chambre de débarras. — C'est pré-
cisément ce qu'il me faut. Je sais par

expérience que l'on dort toujours bien à Cerdon. Je ne vous permets pas de déranger ni de réveiller personne. » Il fallut obéir à un ordre aussi formel, et le lendemain, au matin, ce fut une surprise générale, quand on trouva la Mère Assistante, la première levée, et que l'on sut les incidents de la nuit.

Elle procéda à la visite de la Communauté avec l'exactitude vigilante et la bonté qui lui étaient ordinaires; puis elle se rendit à la maison paternelle. Sa vénérable mère vivait encore. Ce fut une fête sous le toit domestique qui avait abrité ses jeunes années, lorsqu'elle y rentra. Mais quand vint le moment du dîner, l'on eut beau multiplier les instances pour la décider à rester avec sa mère, ses neveux et nièces et ses cousins; Mère du Cœur fut inexorable. Tout ce qu'elle accepta, ce furent quelques fruits, un petit goûter que l'on alla manger dans les vignes, parce que la Règle défend de prendre ses repas chez ses parents et qu'elle n'entendait pas se dispenser elle-même de ce point important.

« Restez donc un jour de plus, lui dit un de ses cousins. Vous n'aimez donc plus vos parents ? — J'aime bien toute ma famille, répondit-elle, mais la Communauté et le devoir avant tout. » Et, après avoir embrassé tendrement tous les siens, elle repartit à l'heure qui avait été décidée. Dans toutes ses visites, elle montrait ce même respect religieux pour les prescriptions et les recommandations de la Règle. Du reste, elles devinrent de plus en plus rares, et, à partir de 1868, il lui fallut rester constamment au Noviciat à cause de la santé de la Révérende Mère.

Le généralat de Mère Saint-Placide fut très court. Il ne dura pas quatre ans. Cette sainte âme, dont toutes les aspirations étaient si fort élevées au-dessus des intérêts d'ici-bas, soupirait après le ciel, et elle s'en rapprochait par ses affections autant que par ses souffrances. Mère du Cœur, que l'on voyait toujours au chevet de la chère malade, recevait ses recommandations suprêmes mêlées à ses confidences attendries. Elle eut sa dernière parole. La pieuse fille était agenouillée au pied du lit, priant et se préparant au grand sacrifice, car la mort approchait à pas rapides. « Ma Sœur, dit la mourante, allez faire le chapitre. » C'était l'heure, en effet; Mère du Cœur partit, en lui disant doucement : « Au revoir, ma Mère. » La reverrait-elle vraiment ? « Au revoir, ma fille, » lui dit la Révérende Mère. Etait-ce au ciel qu'elle donnait rendez-vous à sa fille chérie ? Quand la Mère Assistante revint, la chère agonisante ne parlait plus; son regard cependant sembla l'envelopper encore d'une dernière et affectueuse étreinte; il y eut quelques instants de douloureuse attente, puis on entendit un léger soupir. Mère Saint-Placide avait rendu sa belle âme à Dieu.

Si profond et si douloureux que fût le brisement de son cœur, la Mère Assistante resta très calme. Cette Mère bien-aimée, dont la mort la séparait un instant, n'était pas perdue pour elle. Elle la sentait sauvée, parvenue auprès de Dieu, et elle espérait la rejoindre bientôt. Mais Notre Seigneur lui réservait encore de longues années d'épreuves.

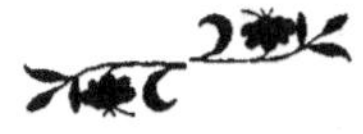

CHAPITRE IV

ONSEIGNEUR de Langalerie ne voulut pas que la chère famille de Saint-Joseph restât trop longtemps orpheline. Son cœur si bon comprenait le sentiment de souffrance qui pesait sur les âmes, dans cette portion choisie de son troupeau; il savait d'ailleurs que les liens de la charité peuvent facilement se détendre à travers les débats d'une élection, et que, pour maintenir l'obéissance religieuse dans l'intégrité absolue qui plaît à Notre Seigneur, il faut plus qu'une autorité précaire dans les mains d'une Supérieure provisoire. Aussi quinze jours s'étaient à peine écoulés que déjà l'élection était faite. Mère du Cœur de Marie était nommée, à la majorité des voix, Supérieure générale de la Congrégation de Saint-Joseph.

Ce fut le vendredi 2 avril 1869 que se fit la proclamation du vote; la nouvelle élue l'entendit avec terreur. Quelle charge lui était imposée! Et quel sentiment de son impuissance en face de ses obligations! Du moins il lui restait la prière, et la nouvelle Supérieure y chercha son refuge. Voici ce qu'elle écrivait le lendemain aux pieds de Notre Seigneur; nous avons été heureux de retrouver cette pièce dans les rares papiers qu'elle a laissés; ses filles la recueilleront avec amour, comme une relique bien authentique de cette âme si pieuse et si droite.

« Au nom du Père, du Fils et du Saint-Esprit. Ainsi soit-il. O mon Dieu, hier, 2 avril, à neuf heures et demie du matin, fête de saint François de Paule, vous me chargiez du fardeau de la supériorité générale. Je vous rappelle, ô mon Dieu, que, quand mon nom s'est échappé de la bouche de notre saint Evêque, j'ai invoqué votre secours, je vous ai prié de venir à mon aide et de me secourir. Ce fardeau si lourd, si pesant, je l'ai accepté, ô mon Dieu, comptant sur votre grâce et votre saint amour, je ne veux pas me reprendre, non; mais vous savez, mon Dieu, toutes les angoisses qui ont torturé mon âme avant ce fatal moment; mes appréhensions n'étaient que trop bien fondées et vous avez vu dans quel état d'agonie était ma pauvre âme partagée entre la crainte de ne pas faire

votre volonté et celle de la supériorité.
Vous savez aussi, ô mon Dieu, que,
depuis la mort de notre douce et sainte
Mère Placide, ma prière était celle-ci :
« Mon Dieu, mettez, ou plutôt permettez
« que l'on mette à la tête de cette Con-
« grégation la personne qui fera le plus
« de bien, celle qui travaillera le plus à
« votre gloire, celle que, de toute éter-
« nité, vous avez désignée pour être
« Supérieure et Mère générale de cette
« Congrégation; » vous savez aussi que
je ne pouvais jamais achever ma prière
sans terminer par celle-ci : « Mon Dieu,
« que votre volonté soit faite, et non la
« mienne, non celle des hommes! »

« Votre volonté a donc été que ce fût
moi qui fusse chargée de ce lourd fardeau, eh! bien, maintenant, mon Dieu,
vous me devez vos grâces; je compte
sur vous et non sur moi, je sens et je
connais ma faiblesse; je ne puis rien

sans vous, mais avec vous, je puis tout ;
faites-vous sentir à moi, ô mon Dieu ;
aujourd'hui, je suis triste ; hier, vous
m'aviez donné un peu de courage et
rendu un peu de paix après cinq jours
d'une terrible angoisse ; vous la connaissez, ô mon Dieu !...

« Accordez-moi, ô mon Dieu, les grâces
qui me sont nécessaires pour bien gouverner ma chère Congrégation, que j'ai
toujours plus aimée que ma famille ;
donnez-moi cette sagesse qui est selon
vous, ô mon Dieu ; donnez-moi la prudence gouvernementale, la prudence éco-
nomique et la prudence personnelle.

« O divin Cœur de Jésus, vous savez
que je vous ai invoqué hier, vendredi,
et je place encore aujourd'hui dans votre
Sacré-Cœur, ô mon Dieu, toutes mes
filles actuelles, toutes celles à venir,
toutes les affaires spirituelles et tempo-
relles de cette chère Congrégation. Et

vous, Cœur Immaculé de Marie, Cœur de ma sainte Mère, aidez-moi à gouverner par le cœur ; ou plutôt le Cœur Immaculé de ma Sainte Mère sera mon guide et mon modèle, sera le guide et le modèle de toutes mes Sœurs.

« Et vous, mon bon Père saint Joseph, joignez-vous à Marie, ma bonne Mère, pour diriger vous-même, par moi, votre chère Congrégation, à laquelle j'ai le bonheur d'appartenir.

« Vous aussi, mon saint Ange gardien, veillez sur moi, protégez-moi, dirigez tous mes actes intérieurs et extérieurs, entendez-vous avec l'Ange gardien de la Congrégation, entendez-vous avec l'Ange gardien de chacune de mes filles actuelles et futures, afin que le bon Dieu ne soit jamais... »

Le texte s'arrête là ; mais la pensée est claire. Puissent les Sœurs de Saint-

Joseph accomplir les pieux souhaits de leur Mère !

Il ne fallait rien moins que la pensée de Dieu pour la soutenir dans les angoisses du premier moment.

« Il me semble, écrit une de ses anciennes compagnes du Noviciat qui alla le lendemain lui offrir ses hommages, il me semble que j'entends encore sa voix tremblante me dire avec émotion : « Oh ! ma chère Sœur A..., que le bon « Dieu m'impose donc une lourde charge ! « Ah ! je vous assure que je l'ai reçue « avec crainte et confusion. Il n'y a que « le bon Dieu qui puisse savoir ce qui « s'est passé dans mon cœur à ce ter- « rible moment. C'était hier vendredi, et « c'est bien sur le Calvaire, au pied de « la croix du bon Jésus, que j'ai fait « mon sacrifice. »

Notre Seigneur entendait bien la garder toujours auprès de lui sur le

Calvaire, et, dès le premier moment, il voulait baptiser dans le bain de l'épreuve son généralat naissant.

Les jeunes filles du cours normal s'étaient préoccupées plus que de raison d'une élection qui ne les regardait que très indirectement. Au lieu de préparer leurs examens dans le silence et le calme, elles cabalaient en faveur d'une de leurs maîtresses à qui tout le monde reconnaissait de grandes qualités naturelles, mais que peut-être le démon de l'ambition avait mordue au cœur. Le résultat étant connu, elles crurent devoir manifester publiquement leurs préférences et leurs antipathies. Un acte d'énergie était nécessaire : la nouvelle Supérieure fit voir qu'elle tenait avant tout au bon esprit; le cours normal fut suspendu, quelques élèves furent rendues à leurs familles, et la Communauté retrouva la paix. Un fruit tomba de l'arbre, il est vrai, et dans sa chute il en entraîna deux autres. Mais ce fut tout, et l'arbre continua de vivre et de grandir avec sa vigueur première et d'offrir à la main du bon Maître, dans l'humilité et l'obéissance religieuses, des fruits abondants et sains.

Les incidents de cette laborieuse élection avaient préoccupé l'âme si bonne et si charitable de Mgr de Langalerie. « Ma fille, disait-il à la nouvelle élue, gardez-vous bien de mourir avant moi; je ne voudrais pas recommencer pareille cérémonie. » Le pieux prélat n'eut pas cette peine. Deux ans après, il était appelé, par la volonté du Souverain-Pontife, au siège archiépiscopal d'Auch. Quelques difficultés restaient pendantes pour la Révérende Mère. Mais les sages conseils de Mgr Richard l'aidèrent puissamment à en sortir.

Mère du Cœur de Marie avait su garder le calme au milieu de ces épreuves. Son âme venait de recevoir le premier baiser de la croix et de la souffrance, et elle y avait pris ce je ne sais quoi de ferme et de doux, que donne l'apprentissage de la douleur, quand il se fait sous le regard de Jésus crucifié. Les sentiments étroits n'avaient pas entrée dans son cœur. Quelques Supérieures s'étaient opposées à sa nomination, elles avaient cru bien faire. Mère du Cœur connaissait leurs démarches : mais, loin qu'elle leur en sût mauvais gré, il semblait que c'était à celles-là mêmes qu'allaient ses attentions les plus délicates; et c'est là un trait caractéristique de l'administration de cette femme au grand cœur, elle se mettait tellement au-dessus des sentiments d'un misérable amour-propre, que les personnes qui avaient pu contrarier son gouvernement en quelque manière, étaient sûres d'avoir ses affectueuses prévenances.

Plus on est élevé en dignité, plus on doit avoir l'âme haut placée au-dessus des questions personnelles, dans ces sereines régions de la foi, où, à travers les plus graves intérêts de ce monde, l'on n'envisage que le bien à faire et la gloire de Dieu à procurer. Mère du Cœur de Marie estimait que l'autorité que Dieu venait de lui donner ne devait être qu'un instrument aux mains toujours indulgentes et secourables de la charité, et qu'en définitive elle n'était elle-même la Supérieure de ses Sœurs que pour les mieux servir. Le bon Maître n'a-t-il pas dit qu'il est venu en ce monde, non pour être servi, mais pour servir ?

La Révérende Mère avait la conscience de la dignité qui lui incombait. Quel ministère plus auguste en effet que de veiller sur des Epouses du Christ, qui ne songent qu'à plaire au divin Epoux, que d'aider à la Providence dans son œuvre la plus belle, pousser vers le soleil de toute justice et de toute perfection, afin de les embraser des flammes de sa charité, les âmes chères et précieuses qui gravitent autour de lui comme autour du centre de leurs affections ! Que l'on cultive une seule âme, que l'on ajoute un seul rayon à l'auréole de sa beauté, c'est déjà mériter du Christ. Que sera-ce donc, de lui garder avec soin deux mille vierges qu'il s'est choisies, de les préserver des atteintes du monde et du péché, de les faire avancer toujours dans la voie heureuse de la perfection !

Ces pensées de foi, qui étaient habituelles à la nouvelle Supérieure, se retournaient en tendresses profondes à l'égard de ses filles spirituelles. Mère Saint-Placide s'était reproché parfois de trop aimer ; on ne tarda pas à s'apercevoir que son cœur revivait dans sa fille de prédilection. Quand furent passés les premiers jours, jours d'étude un peu anxieuse où l'on augurait de tout un règne par les premières paroles et les premières démarches, tout le monde se dit que l'on avait une mère aussi bonne que sage. Elle était de ces pacifiques à qui est promis ce que la terre a de plus exquis, l'empire de tous les cœurs : *Beati pacifici, quoniam ipsi possidebunt terram.* Dieu l'avait douée, en effet, du charme qui attire ; sa parole était douce, ses manières insinuantes et simples tout à la fois, sa physionomie reflétait la paix de son âme, et comme si tout conspirait à ne lui laisser d'autre prestige que l'impression produite par son éminente vertu, sa petite taille enhardissait les plus timides ; on lui parlait sans crainte et son accueil était accompagné d'une aménité si encourageante et si cordiale, que chacune de celles qui l'approchaient pouvait se croire la plus aimée.

Ce fut à la retraite de septembre 1869 qu'elle fit pleine et entière connaissance avec ses filles de Saint-Joseph. Laissons-la exprimer elle-même les sentiments qui remplirent son âme à cette première réunion de la famille que Dieu venait de lui confier. « Pourrais-je jamais oublier toute la consolation que vous m'avez donnée dans la dernière retraite! Votre empressement à vous y rendre en si grand nombre, votre silence absolu, votre recueillement parfait, votre bon esprit surtout, ont fait l'admiration de tous; mais pour moi, que n'ont-ils pas dit à mon cœur!... Combien j'ai été émue, touchée, confuse de l'humilité, de l'obéissance, du religieux respect de nos vénérables Anciennes et grandement consolée de la bonne volonté de toutes!... Depuis lors, j'éprouvais le besoin de vous dire, mes chères Sœurs, tout le bien que vous m'avez fait et de vous en remercier; il m'est doux de pouvoir le faire aujourd'hui, et c'est avec effusion de cœur et de toute la sincérité de mon âme reconnaissante.

« Maïs si, malgré mon indignité et mes faiblesses, vous êtes venues à moi avec confiance, je dois, je le sens, vous payer largement de retour. Que vous offrirai-je donc, mes Sœurs bien-aimées, en échange de vos sentiments pour moi?... Ce que j'ai, je vous le donne, et c'est bien sincèrement. *Je vous donne mon cœur, je vous donne mon dévouement, je vous donne ma vie, oui, ma vie tout entière.* Je ne suis plus à moi, je suis à vous toutes en général, et à chacune en particulier; vos souffrances sont devenues mes souffrances; vos joies sont devenues les miennes; mais vos tristesses, oh! vos tristesses, elles sont bien aussi à moi... Je me sens un immense désir, un immense besoin de me sacrifier pour vous, et ce, tous les jours et à tous les instants. »

Ne reconnaît-on pas ici ce grand courant de charité chrétienne, qui, depuis le jour où saint Paul voulait se faire anathème pour ses frères, pénètre toutes les âmes profondes et apostoliques, celles qui entraînent les autres et les donnent à Dieu? On est étonné parfois des ressources qu'elles déploient et des merveilles qu'elles opèrent. Leur force est le dévouement, et Notre Seigneur ne peut rien refuser à ceux qui sont toujours prêts à se sacrifier. Mais aussi, il accepte leur sacrifice et il le rend d'autant plus douloureux qu'il veut le bénir davantage.

Il n'est pas une Sœur de Saint-Joseph qui n'eût désiré que le généralat d'une Mère si aimée, et si digne de l'être, fût

un temps de consolation. Mais Dieu en
avait disposé autrement et il voulait
étendre sur ce généralat le voile de tristesse qui a assombri tous les cœurs
depuis vingt ans.

Au 1er mars 1870, Mère du Cœur de
Marie envoyait à ses filles une circulaire
où elle leur recommandait surtout l'esprit
de foi. Sans doute Notre Seigneur, en
vue des événements qui se préparaient,
lui avait inspiré de traiter ce sujet.
Quoi qu'il en soit, il devint bientôt nécessaire de demander aux pensées de la
foi leurs consolations et leurs espérances.

La guerre venait d'éclater et les premières défaites avaient un retentissement
douloureux dans le pays. A l'exaltation
fébrile, délirante, du début, avait suc-
cédé la stupeur. Chaque jour apportait
la nouvelle d'un désastre de plus ; tous
les cœurs saignaient, et la honte au
front, l'angoisse dans l'âme, on attendait

anxieusement une lueur d'espoir qui ne brillait jamais. D'autre part, l'autorité publique, déconsidérée par la défaite, affolée par le sentiment de son impuissance, abdiquait en face de l'émeute, la révolution éclatait; c'était l'anarchie s'ajoutant aux horreurs de l'invasion.

Dans ces tristes conjonctures, le seul recours des âmes chrétiennes était dans la prière. Mère du Cœur de Marie aurait voulu grouper encore une fois ses filles dans une retraite générale, où elles se seraient fortifiées ensemble dans l'oraison contre les tristesses du présent et contre les épreuves que l'avenir tenait encore en réserve. La prudence ne lui permit pas de les réunir à Bourg, à un moment aussi troublé, et les exercices de la retraite ne furent donnés qu'au Noviciat. « Le jour de la clôture, écrit la Révérende Mère, ce jour si cher entre tous à la Congrégation, avait perdu, hélas !

une grande partie de ses charmes, de
ses joies accoutumées ; la tristesse de
l'absence était dans tous les cœurs et
sur toutes les physionomies. Monseigneur
lui-même, qui a daigné venir présider
la clôture, en a été profondément ému, et
de touchantes paroles nous ont exprimé
tout son chagrin de ne pas voir la Congrégation réunie en ce jour, autrefois
fête de famille. »

« On hésitait pour une cérémonie de
prise d'habit. N'y avait-il pas impru-
dence à aller en avant, en face des in-
certitudes du lendemain ? On se le demandait autour de nous ; mais Monseigneur a dissipé toute crainte et réalisé
notre désir personnel par une décision
affirmative, et ces chères enfants furent
la joie de ce jour, comme leur générosité sera, je l'espère, le bonheur de
leur avenir. »

La Révérende Mère avait pris soin

d'envoyer à toutes les maisons un règlement de retraite particulière qu'elle avait rédigé elle-même. Partout il fut accueilli avec bonheur et suivi fidèlement. On sentait le besoin de se rapprocher d'autant plus de Dieu que tout espoir humain semblait interdit. Pour le Noviciat, elle avait obtenu de Mgr de Langalerie la faveur de posséder le Saint-Sacrement exposé toute la journée, le vendredi de chaque semaine, et de même encore jour et nuit, sans interruption, pendant la récollection qui précéda la fête de l'Immaculée Conception. C'était là, aux pieds du bon Maître, qu'elle venait souvent elle-même apporter, non pas ses inquiétudes (elle n'en avait pas, nous dit-elle, ayant remis entre les mains de la divine Providence l'avenir de sa chère famille), mais les sollicitudes de sa charge en ce terrible moment. Elle recommandait à Notre Seigneur celles des maisons de

Saint-Joseph qui étaient les plus éprouvées, surtout celles de Paris et des environs qui vivaient et priaient sous le feu de l'ennemi, mais dont le silence prolongé était la plus douloureuse épreuve pour le cœur de cette tendre mère. La prière du moins consolait sa douleur. « Oh! quel soulagement pour moi en ces heures bénies, écrit-elle, de songer à vous toutes, mes bien chères Sœurs; de présenter à Notre Seigneur tous vos besoins, afin qu'il y pourvoie dans sa paternelle bonté! Je vous voyais toutes ensemble, et chacune en particulier, avec vos épreuves, vos fatigues, vos tristesses de famille, car, hélas! qui n'en a pas en ces temps de guerre? et toutes, réunies par le cœur, nous recevions une commune bénédiction qui nous soutenait et nous fortifiait. C'est dans ces moments surtout que mes pauvres prières demandent à Dieu de nous conserver dans la charité, de l'augmenter chaque jour en nous, afin que dans la Congrégation il n'y ait qu'un même esprit, un même cœur pour nous aimer, et surtout pour aimer Dieu et le faire beaucoup aimer. »

A Bourg même, les choses semblaient aller au plus mal. Les anciennes autorités avaient été balayées par le vent de la Révolution. Il venait d'arriver un personnage dont les dispositions hostiles à l'égard de la Congrégation de Saint-Joseph n'étaient un mystère pour personne; la ville était en effervescence; les chemises rouges de Canzio, le gendre de Garibaldi, se rencontraient partout dans les rues, et la vue de ces bandes plus indisciplinées et plus pillardes peut-être que féroces, terrorisait tout le monde. On s'attendait à un coup de main sur le Noviciat, et les pauvres religieuses n'étaient pas rassurées. Au milieu de tant d'alarmes, Mère du Cœur de Marie se montrait intrépide : « Mes Sœurs, leur disait-elle, si l'on vient nous attaquer, nous nous réunirons à la salle et nous mourrons toutes ensemble. Pour moi, l'on me frappera la première. »

Chaque soir, elle assistait aux récréations communes, et elle ramenait la confiance et le calme dans cette troupe craintive ; et toutefois, quand elle se retirait, elle semblait envelopper comme d'un regard plus tendre le groupe de ses filles bien-aimées. Lorsque l'orage fut passé, elle leur dit une fois : « Tous les jours, je pensais que l'on viendrait peut-être la nuit à la Communauté. Naturellement on se serait saisi de moi la première, et pensant que je n'aurais pas la possibilité de dire adieu à mes Sœurs, j'allais vous voir tous les soirs, je vous regardais toutes avant de partir et je vous disais adieu de cœur. »

Grâce à Dieu, le bon sens populaire

fit taire les passions mauvaises, et saint Joseph préserva ses enfants des suprêmes dangers. Au mois de novembre, près de trois cents mobiles furent logés dans les bâtiments de l'externat. Trop heureuse de contribuer en quelque chose aux charges de la patrie en danger, la Révérende Mère eut pour ces jeunes gens des soins vraiment maternels. Elle voulut qu'on leur fît la soupe tous les jours avec celle de la Communauté, et certes, cuite et assaisonnée par la Sœur cuisinière, ils la mangeaient avec beaucoup plus d'appétit que la leur. Le dimanche et les jours de fête, on leur ouvrait la chapelle qu'ils envahissaient à l'instant; on leur apprenait des cantiques populaires, et on peut se figurer avec quel entrain ils les chantaient; pauvres enfants de la France que la défense nationale venait d'arracher de leurs villages, de l'atmosphère bénie et bienfaisante du foyer, et qu'elle allait envoyer dans quelques jours contre l'ennemi! A certaines fêtes, la Révérende Mère faisait ajouter quelques douceurs à leur maigre ration. Pour la nuit de Noël, au retour de la messe, ils trouvèrent, sur deux grandes tables, saucissons, brioches et café au lait, un vrai régal : « S'ils étaient chez eux, avait dit la Mère, ils feraient le réveillon en famille. Ils le feront ensemble, sous le toit de Saint-Joseph. » Du reste, tous les mobiles partirent aux premiers jours de janvier, emportant dans leur havre-sac des provisions, et dans le cœur un affectueux souvenir pour la maison hospitalière où ils avaient été si bien traités. Le Noviciat de Saint-Joseph allait devenir une vaste ambulance.

L'armée de l'Est, formée au milieu d'un froid rigoureux, mal armée et mal approvisionnée, s'était battue à Viller-

sexel et à Héricourt, et elle était refou-
lée par l'ennemi. On dirigea un convoi
de blessés sur la ville de Bourg, et
Saint-Joseph en reçut le plus grand
nombre. Tout était prêt, grâce aux soins
vigilants de la Révérende Mère. Ce fut
un douloureux spectacle, au 14 janvier
1871, lorsqu'on vit arriver ces fourgons
de blessés pâles, défaits, transis de froid
et quelques-uns ayant les pieds littéra-
lement gelés. Il fallait les porter. En
entrant dans les salles chauffées, aérées,
avec des lits bien propres, un soupir de
satisfaction leur échappait à tous : Oh!
que l'on est bien ici! Mère du Cœur ne
négligea rien pour que cette parole fût
toujours vraie. Leur linge fut d'abord
lavé et passé à l'eau bouillante, et Dieu
sait si le besoin s'en faisait sentir! Un
nombreux personnel était affecté aux
salles d'infirmerie, sous les ordres de
quelques Sœurs hospitalières plus habi-

tuées au service des malades. La Révérende Mère passait plusieurs fois par jour dans chaque salle, pour s'assurer par elle-même que rien ne leur manquait, et il fallait voir de quels regards et de quelles paroles de remerciement ces pauvres gens lui exprimaient leur reconnaissance !

Parmi eux il y avait quelques blessés et un plus grand nombre de malades, les uns atteints de fièvre éruptive, les autres de bronchites ou de fluxions de poitrine contractées sur les neiges des bivouacs ou dans les marches forcées des manœuvres. Lorsque le jour était beau, les plus valides allaient prendre un rayon de soleil au dehors, et c'était pitié de les voir errer sous le grand préau, suant la fièvre et toussant à fendre l'âme.

Dieu bénit la charité des filles de Saint-Joseph et de leur généreuse Mère.

Tout d'abord elles eurent la joie de voir revenir aux pratiques religieuses ces pauvres jeunes gens qui, sous l'influence de quelques jours de bons exemples, ne se reconnaissaient plus eux-mêmes. Aucun mot mal sonnant dans la salle, matin et soir la prière, à laquelle tout le monde répondait; plus de respect humain, aucune trace de mauvais esprit; ils prenaient de l'eau bénite et se signaient avec respect; « Cela fait plus de bien que la poudre, disait l'un d'eux. »

Pendant la quinzaine pascale, un grand nombre s'approchèrent des sacrements. Il en était un qui ne l'avait pas fait encore : un prêtre passe, la Sœur infirmière n'étant pas là; le malade se confesse à lui. Le lendemain matin, comme la Sœur lui offrait sa tasse de tisane à boire, il refuse; elle insiste, presse, sollicite, elle parle de caprice et se dit très mécontente; toujours même obstination.

Elle se rend à la chapelle pour entendre la messe ; quelques instants après, entre son cher malade ; au moment de la communion, il se présente à la Sainte Table et communie très dévotement. « Ma Sœur, disait-il ensuite à sa garde-malade, je vous ai fait une bonne surprise. Vous êtes bien contente, mais je le suis encore plus que vous. »

Les Sœurs étaient heureuses en effet de faire du bien à ces malheureux. Jamais tant de travail et de fatigue dans la communauté, et jamais tant de joie et de bonheur parmi les Sœurs. C'était à qui montrerait le plus de dévouement ; la bonne Mère donnait l'exemple et payait de sa personne. Elle voyait tout par elle-même. On put arracher à la mort un bon nombre de malades qui semblaient condamnés ; de ceux qui moururent, il n'y en eut pas un qui ne s'empressât de recevoir les derniers sacrements ; plu-

sieurs même firent une mort édifiante.
Et lorsque ces jeunes gens avaient rendu
le dernier soupir sous le regard de la
Sœur qui leur rappelait leur mère absente
et avec le baiser du crucifix, on n'aban-
donnait pas leur dépouille mortelle. Dans
une pieuse pensée, bien digne de son
cœur, la Révérende Mère voulait qu'on
rendît des honneurs à ces corps de chré-
tiens et de Français morts pour la patrie,
qu'une petite lampe restât allumée auprès
d'eux et qu'une religieuse priât à leur
chevet, nuit et jour.

Quand un malade était guéri et partait
en convalescence, elle avait soin que son
sac fût bien garni. Pour combien de
jeunes hommes ce passage de quelques
mois à la Maison-Mère de Saint-Joseph
n'a-t-il pas été une grâce insigne ! Il en
est qui sont restés en relations avec la
Supérieure jusqu'à la fin, et qui lui écri-
vaient ou toutes les années, à l'occasion

du jour de l'an, ou pour les événements heureux ou malheureux de leur vie de famille. Et elle leur répondait chaque fois.

Les parents n'étaient pas moins reconnaissants. Un père de famille vint un jour de loin visiter son fils. La Révérende Mère l'accompagna jusque dans la salle et le mena auprès de son cher malade. Quand cet homme fut resté là quelque temps et qu'il eut vu tous les soins que l'on prodiguait à chacun avec une patience inaltérable, il se confondit en remerciements. « Ne nous remerciez pas, Monsieur, lui dit la bonne Mère, nous partagerons avec eux jusqu'au dernier sou. » Et, en effet, les pertes faites par la Congrégation, à l'occasion de l'ambulance, ont été considérables, et Mère du Cœur en a fait généreusement le sacrifice. Et après la guerre, que de ruines ! Que de maisons de la Congrégation en détresse ! Que de familles de religieuses, restées sans enfants, sans ressources, obligées d'implorer l'appui des âmes charitables ! Que de fois, elle voyait entrer dans sa chambre de pauvres petites Sœurs qui venaient d'un air embarrassé lui dire : « Ma Révérende Mère, je suis confuse de venir vous exposer les besoins de ma famille dans un pareil moment. Mais vous voulez bien que je vous fasse part de mes ennuis et de mes craintes. » Et alors commençait le récit d'une histoire douloureuse de misère et de deuil. Et la bonne Mère d'aller à son tiroir, d'y prendre quelques pièces d'or ou un billet et de le donner à la Sœur en lui disant : « Tenez, faites parvenir ceci à vos parents. Cela les aidera à passer ce moment difficile. Combien je regrette, ma pauvre Sœur, de ne pouvoir faire pour eux davantage ! » Elle a toujours été ainsi généreuse pour les familles qui pouvaient se trouver dans l'embarras, et la scène que nous venons de reproduire, il est une centaine de Sœurs qui l'ont racontée pour leur compte personnel.

L'armistice conclu, il semblait que le calme dût revenir ; mais d'autres alarmes plus cruelles succédèrent à celles de l'invasion. La Commune éclata, et pendant plus de deux mois, la Révérende Mère se demanda ce que devenaient les Sœurs de Monceau, de Sainte-Anne et de Boulogne, sous les balles des insurgés et sous les obus de l'armée régulière, dans une ville où l'incendie, le pillage et le meurtre étaient à l'ordre du jour. Les nouvelles de Paris étaient rares et fort peu rassurantes. Et comme si tout devait conspirer à faire de cette année un temps d'épreuves douloureuses, des vides désolants se produisaient autour de Mère du Cœur ; la mort frappait à coups redoublés sur les personnes qui lui étaient les plus chères.

C'était d'abord son Assistante, Mère Marie-Emile, que Dieu rappelait à Lui au milieu de ces tristes circonstances. Heureusement, dans les ennuis où cette mort la jetait, elle put s'adjoindre comme compagne de ses travaux une religieuse qui avait toute sa confiance, Sœur Marie-Aloysia. Une sainte amitié avait depuis longtemps réuni leurs âmes faites toutes deux pour aimer beaucoup Notre Seigneur. Elles s'étaient connues à la classe du Noviciat et, dans leur désir de perfection, elles avaient pris l'engagement de se dire toujours ce qu'elles auraient remarqué de défectueux dans la conduite l'une de l'autre; tous les jours, quelque absorbantes que fussent leurs occupations, elles se réservaient un moment pour avoir leur petit entretien de correction mutuelle. Jamais, a déclaré Mère du Cœur,

il ne leur est arrivé de manquer à la charité dans leurs communications. Un jour
qu'une religieuse avait commis une faute
extérieure assez grave, dont l'une et l'autre devaient souffrir, elles se regardè-
rent et se comprirent, mais n'échangè-
rent pas une parole. Ce ne fut que bien
longtemps après qu'elles en parlèrent, à
titre de renseignement.

On comprend de quel secours était
pour la Supérieure Générale, une personne en qui elle avait une si grande
confiance.

Un mois après, il lui fallait annoncer
à la Congrégation la mort de M. l'abbé
Perrier. « La croix, disait-elle, s'est fortement implantée dans la Congrégation,
et de ses rameaux divins naissent des
fruits bien amers à la pauvre nature,
mais doux à l'âme, puisqu'ils viennent
de Dieu. Notre Très Révérend Père
spirituel n'est plus! il a succombé hier,

à une heure de l'après-midi, s'endor-
mant dans le Seigneur avec le calme
et la paix que peuvent donner cinquante
années d'une vie toute sacerdotale. Il
Il n'était pour lui plus d'intérêts person-
nels ; la famille de Saint-Joseph était sa
famille ; se dévouer pour sa prospérité
spirituelle et temporelle fut son occupation la plus chère, on peut dire même,
son unique occupation. »

Quelques jours après, elle écrivait encore à ce sujet : « Avec nous, mes Sœurs
bien-aimées, vous avez pleuré le vide que
la mort a fait parmi nous, en nous enle-
vant celui qui, depuis de longues années,
avait consacré sa vie au bien de notre
grande famille, et vous vous demandiez :
Oh ! qui donc remplacera notre Père ?...
Et voilà que depuis longtemps la divine
Providence nous préparait un autre lui-
même en la personne de M. de Boissieu,
dont notre vénéré défunt fut le conseil,

l'ami, et qu'il sembla désigner lui-même pour continuer au milieu de nous sa mission de Supérieur et de Père. »

Enfin une dernière douleur était réservée à Mère du Cœur de Marie dans le départ de Mgr de Langalerie, ce saint évêque dont la distinction et la bonté d'âme étaient égales à sa piété si vive, et dont aucune personne, dans son diocèse, avant le jour où il nous quitta, ne pouvait dire qu'il lui eût jamais fait la moindre peine. Mais, à ce jour, quels regrets partout, quelle désolation à Saint-Joseph, où l'on savait apprécier de plus en plus son exquise bonté !

Au milieu de tant de traverses, qui brisaient son cœur, la Révérende Mère conservait le calme de son âme, même pendant la guerre, à cette triste époque où tant de têtes étaient troublées, où l'imagination des plus sages, sous le coup des événements publics, passait, sans raison, des plus chimériques espérances aux alarmes les plus invraisemblables. Mère du Cœur de Marie, bien qu'elle fût chargée d'intérêts souverainement graves, et que tout semblât en péril au milieu de la tourmente générale, gardait encore son sang-froid et la sérénité inaltérable de son âme, à tel point que, lorsqu'on arrivait auprès d'elle, on sentait le trouble et l'agitation disparaître, et qu'on s'en allait rassuré et mettant, comme elle, toute sa confiance en Dieu. Car c'était là le terrain solide sur lequel elle s'appuyait : le Cœur du bon Maître et la Règle pour se conduire, avec cela elle pouvait vivre. « Il faut, disait-elle, s'habituer à vivre au-dessus de ce qui passe. Quand on est sur un pont, le regard plonge dans la rivière, et l'on voit passer tout ce qu'elle entraîne ; tout semble fuir. Etablissons notre demeure dans le Cœur de Jésus ;

c'est de là que nous considérons toute chose dans le calme et dans la paix. » Que de fois aussi elle disait aux Sœurs, dans ce langage simple et pieux dont les âmes saintes ont le secret : « Soyons tranquilles, mes Sœurs, soyons parfaitement tranquilles. Le bon Dieu est là, il nous garde et il n'arrivera que ce qu'il voudra permettre pour notre plus grand bien. Ne nous inquiétons pas des événements, mais de notre sainte Règle : Soyons bonnes religieuses, bien pieuses et bien unies, afin que notre bon Père saint Joseph soit content de nous. »

Un jour, au mois de mai 1871, Mgr de Langalerie, venant de Bourg, visitait un établissement des Sœurs de Saint-Joseph. On lui demanda des nouvelles de la Révérende Mère du Cœur de Marie. « Votre Révérende Mère? dit-il. Elle va très bien. Elle est admirable de courage et de fermeté au milieu de tant de

tracas et d'épreuves. Non seulement elle m'édifie, mais c'est elle qui m'encourage et me soutient. » Le pieux prélat en jugeait avec la candeur de son âme; cependant ces paroles furent dites d'un ton et avec un accent qui firent impression. Elles dépeignaient bien l'inaltérable confiance de Mère du Cœur en la divine Providence et le calme communicatif dans lequel elle possédait et son âme et celles qui lui étaient confiées. Dans cette sainte physionomie, c'est un des traits les plus saillants et les plus caractéristiques, et ce fut également une des grâces insignes que Dieu fit à la Congrégation de Saint-Joseph durant ce laborieux généralat.

La seule préoccupation de cette Supérieure si délicatement soucieuse de son mandat était que la Règle n'eût subi quelque atteinte de ces secousses lamentables dont le contre-coup avait ébranlé autour d'elle tant d'institutions humaines. Elle savait bien que du haut du ciel saint Joseph avait divinement protégé sa chère Congrégation. Mais enfin elle avait hâte que les événements lui permissent d'ouvrir une retraite générale, où toutes les Sœurs pussent venir, et où il lui fût donné de constater que l'esprit de l'Institut n'avait été nullement altéré et de resserrer les liens de la charité et l'union de tous les cœurs.

« Deux années passées sans nous réunir, écrivait-elle à la date du 5 août 1871, m'ont paru bien longues : j'ai besoin de vous revoir ! Oui, j'ai besoin de vous redire en famille toute la consolation que vous m'avez donnée durant ces mauvais jours. Comment pourrais-je oublier vos protestations d'attachement et de fidélité à votre sainte vocation, quoi qu'il arrive, *la mort même*, vous me l'avez dit... Plusieurs d'entre vous se rappellent, sans doute, ces paroles que nous redisait Mgr Devie dans les retraites. *Si la Règle des Sœurs de Saint-Joseph venait à se perdre, il faudrait qu'on pût la refaire en copiant les actions de chaque religieuse !* — Mon Dieu, mon Dieu, mes Sœurs, où en sommes-nous ? C'est dans le silence de la solitude et du recueillement que nous ferons ce profond examen, et je l'espère, mes bien-aimées Sœurs, aucune ne quittera le Noviciat, sans avoir pris l'inviolable résolution d'aimer et de pratiquer fidèlement la Règle : les inférieures la pratiqueront toujours dans l'ordre de l'obéissance, se rappelant que, pour elles, le premier devoir est d'obéir; les supérieures lui donneront toujours le premier rang sur toutes les occupations; si ces dernières sont parfois trop multi-

pliées, nous en laisserons quelques-unes,
mais nous ne laisserons *jamais* les devoirs de la Règle ; car c'est en vain
qu'une religieuse travaille, se dévoue, se
fatigue beaucoup même pour s'acquitter
de son emploi : tout est stérile, si elle
ne pratique pas la Règle. »

La retraite eut lieu le 12 septembre,
ainsi qu'il avait été annoncé ; les Sœurs
y vinrent en très grand nombre. Troupe
pieuse, rappelée sous l'aile maternelle
après tant de tristesses et d'alarmes, quel
bonheur pour elles de se retrouver enfin
dans cette maison bien-aimée, et de
s'y retremper, comme autrefois, dans la
prière et le recueillement ! La Révérende
Mère fut plus tendre que jamais. Elle
aussi était heureuse, elle bénissait Dieu
d'avoir conservé intact, dans cette humble
famille religieuse, l'esprit d'obéissance aux
Supérieures et d'amoureuse fidélité aux

Constitutions. Elle rappela ses maximes favorites sur l'amour et le respect de la Règle. « Dieu seul en vue, ma Règle en pratique, moi, toujours en sacrifice. » Il est difficile d'enserrer un plus magnifique programme dans une formule plus concise que celle-là.

« On cherche et on trouve Jésus, disait-elle encore, dans la volonté de Dieu, et on fait la volonté de Dieu en obéissant à sa Règle et à ses Supérieures ; de plus, on devient une sainte en ne faisant que cela. »

Et encore : « Rappelons-nous bien que la profession est un second baptême, et que la fidélité à nos saints vœux nous mérite la gloire du martyre. »

La pensée est d'une extrême justesse, puisque la vie religieuse est un continuel sacrifice de soi-même ; et pour que le martyre fût complet, Dieu permettait que la persécution atteignît les âmes qui s'étaient données à Lui. La Révérende Mère et ses filles venaient, dans cette retraite, de se préparer pour des épreuves nouvelles.

CHAPITRE V

SUITE DES ÉPREUVES. — LES ÉCOLES.

LES BREVETS.

U lendemain de la guerre, chacun se demanda quelles étaient les causes de nos désastres et comment se pourrait faire le relèvement de la patrie. On crut généralement que les Allemands devaient leurs succès aussi bien à la supériorité de leur instruction qu'à celle de leur armement, et bientôt ce ne fut qu'un cri en France : Instruisons la jeunesse. Il aurait mieux valu dire : Elevons-la ; formons des

hommes ; rendons-leur ces principes et
ces sentiments qui firent jadis du Français le premier soldat du monde, et de
la femme française, la plus intelligente
et la plus généreuse des femmes. Que la
crainte de Dieu règne dans les cœurs ;
qu'on sache, dès l'enfance, s'habituer à
préférer le devoir au plaisir, et qu'à la
base de l'éducation l'on mette l'esprit de
sacrifice, et non pas l'amour effréné du
luxe et de la jouissance. Ce qui fait la
valeur morale de l'homme, ce n'est pas
ce qu'il sait, mais bien ce qu'il pense,
ce qu'il aime, ce qu'il veut. Que peut-on
attendre de celui qui n'a dans le cœur
aucune croyance ? Que craindre de celui
dont la conscience est pleine des lumières et des forces de la foi ?

L'Eglise ne se désintéressera jamais
de l'enseignement ; car elle a l'empire
sur les âmes, et les âmes vivent ou
meurent de ce qu'on leur enseigne. Ses

adversaires savent avec quel zèle ses prêtres, ses religieux et ses religieuses travaillent à la formation intellectuelle et morale de la jeunesse, et ils redoutent, tellement cette concurrence que, de toutes façons, ils essaient de la combattre et de la détruire. Il serait plus loyal de lutter à armes égales et de rivaliser de dévouement.

Saint-Joseph était, depuis sa fondation et en conséquence de ses Statuts, une Congrégation enseignante. Sur toute l'étendue du diocèse de Belley et en dehors même de ce diocèse, dans un grand nombre d'écoles, d'externats et de pensionnats, la majeure partie de ses religieuses se dévouaient à l'instruction des enfants. Sa Supérieure générale n'eut pas de peine à suivre le mouvement qui poussait les pouvoirs publics et les sociétés privées à s'occuper de l'enseignement avec plus d'activité et de sollicitude.

C'était un cœur ouvert à toutes les grandes pensées et que le zèle dévorait, sitôt qu'il était question de Dieu, de l'Eglise et des âmes. Quant il s'agit, quelques années plus tard, de la fondation de l'Université catholique de Lyon, il y eut dans le diocèse de Belley un magnifique élan de générosité provoqué par l'initiative entraînante de Mgr Marchal, et l'on sait quelle riche offrande le zélé prélat put apporter à l'établissement de cette œuvre primordiale. Il est inutile de préciser ici, mais la Révérende Mère comprit admirablement le bien qui était à faire. Il y allait de la gloire de Dieu, du salut des âmes, de l'honneur de l'Eglise ; c'était assez, elle donna généreusement.

Directrice et mère de tant de personnes dévouées qui se livraient aux grandes et délicates fonctions de l'enseignement, elle sentait la beauté de son ministère et la responsabilité que lui créaient les circonstances. « Dieu veut nous appliquer au service du prochain, disait-elle à ses Filles. Justement parce que nous l'aimons, il demande notre concours. Il nous charge de lui gagner, de lui conserver quelques âmes ; et, entre toutes, les âmes des enfants ont sa prédilection. »

Durant les années qui suivirent immédiatement la guerre, elle ouvrit plus de vingt écoles libres ou communales dont quelques-unes étaient importantes et demandaient un nombreux personnel. Du reste Dieu permit que, malgré le malheur des temps et les menaces de la Révolution, les vocations fussent nombreuses à ce moment et que l'on pût suffire à tous les besoins.

Elle ne se contentait pas d'envoyer ses religieuses dans les écoles et les salles

d'asile qu'elle fondait. Toute pénétrée
elle - même de l'esprit de foi, elle ne
manquait pas une occasion de leur montrer la dignité de leur mission et la sainteté de leurs devoirs. Sous ce rapport,
la circulaire du 24 décembre 1872 est
précieuse. Elle avait pour but de rappeler aux Sœurs institutrices l'obligation
que leur fait la Règle « d'employer à
leur instruction personnelle et à la préparation de la classe tout le temps nécessaire, afin qu'elles puissent enseigner
sûrement, clairement et fructueusement. »
(v⁰ partie, chap. XIII, art. 4.) Après avoir
dit que la France met tout l'espoir de
son salut dans l'éducation des généra-
tions qui s'élèvent, et que l'éducation
doit être chrétienne et s'appuyer sur la
connaissance des vérités de la religion
et sur la pratique des devoirs qu'elle
impose, la Révérende Mère en vient à
l'objet précis de sa lettre, et il est édifiant

de voir avec quelle sagesse chrétienne et quelle élévation de vue elle traite la question.

« Afin de répondre à la vocation d'institutrice religieuse, il est nécessaire, mes Sœurs, de vous entretenir et de vous fortifier dans les connaissances que vous avez acquises, ayant soin de concentrer votre étude sur les matières qui ont été assignées dans nos divers programmes d'examens, bornant votre ambition à en bien posséder toutes les parties. Après le sacrifice que nous avons fait de nous-mêmes, il ne peut pas nous suffire d'avoir un attrait naturel, pour nous excuser de donner à des études moins utiles, peut-être à de vaines curiosités, notre temps et nos forces. Ce n'est pas à nous qu'on peut offrir des lectures, des occupations agréables, pour remplir *nos moments de loisir*. Nous sommes, par l'effet de notre vocation, trop pauvres pour en avoir, trop dévouées pour en désirer, trop heureuses du bien que nous pouvons faire pour ne pas mettre notre joie dans les choses auxquelles Dieu nous applique, selon l'intérêt de sa gloire et du salut des âmes.

« Qu'importe, devant ces considérations, que la science ait des difficultés, des aridités, une rebutante monotonie ! Quand le livre sur lequel chaque jour je reviens, avec la même peine, dérober, à force de travail, quelques lignes au profit d'une mémoire ingrate, prendra sa figure la plus repoussante, je pourrai faire comme saint Bernard, lire le nom de Jésus au milieu de ces mots insignifiants. — Jésus ! et près de Lui quelques épines !... Jésus ! et bientôt près de Lui les enfants qu'Il aimait, et à l'égard desquels Il me charge de faire, pour son amour, ce que d'autres feraient pour un salaire sans valeur.

« Encore une fois, souvenons-nous de la pensée de Mᵍʳ Devie : Sans doute, on peut aller au ciel sans avoir bien appris ni les règles de la grammaire, ni les noms des contrées où nous n'avons personne qui nous connaisse. Mais va-t-on au ciel, et la route où l'on marche est-elle bien sûre, lorsque, étant ou pouvant être chargée d'enseigner, on ne se met pas en peine de le bien faire ? »

Et elle continue, stimulant l'ardeur à l'étude, condamnant le travail de fantaisie au nom de la pauvreté et de l'obéissance. Ce n'est pas cependant qu'elle soit insensible aux peines de ses filles. Ces peines, elle les a eues jadis ; elle les connait, elle les partage. « Mon cœur, dit-elle, ne se défend pas d'une commisération sympathique, quand il y songe ! Comment, à la fin de journées si pénibles, à peine délivrées, pour une heure, du soin des autres, accablées de lassitude et souvent de dégoût, comment ajouter, pour ainsi dire, douleur sur douleur? Après les tiraillements et la contention d'esprit qu'exige la classe, comment torturer encore sa pensée, l'appliquer de force à l'étude la plus aride? »

Mais les institutrices, au milieu de leurs lassitudes et de leurs déboires, ont Dieu pour témoin, Jésus crucifié pour soutien; et un signe de croix a bien vite fait évanouir le fantôme décourageant que la pauvre nature avait dressé devant leurs yeux.

Heureux serait le pays où, dans chaque village, ceux qui ont reçu la sublime et sainte mission d'élever et d'instruire les enfants du peuple, s'inspireraient de ces fortifiants conseils! Mais Satan, l'ennemi de tout bien, ne peut s'accommoder de notre bonheur. En l'espace de quelques années, l'esprit des populations changea, et à mesure que se faisait le travail des sectes maçonniques et cette singulière évolution des idées libérales qui devait aboutir à une guerre acharnée contre toute croyance religieuse, l'on songea de moins en moins à faire appel au dévouement des Sœurs pour tenir les écoles publiques. Une formule fameuse, réclamant l'instruction gratuite, obligatoire et laïque, reparaissait chaque matin dans les feuilles révolutionnaires et finissait par pénétrer dans les masses. Hélas! la gratuité était un leurre; l'obligation stricte, rigoureuse, s'étendant à tous les cas, une chimère ou une tyrannie; et quant à la laïcité, ce que l'on se proposait sous cet euphémisme trompeur, c'était au moins la négation de Dieu par le silence, sinon par un enseignement formel.

En même temps se construisaient ces palais scolaires, monuments massifs et fastidieux dont on a doté, bon gré mal gré, chaque village. L'enfant s'ennuie devant leurs splendeurs ruineuses, et, de retour à la chaumière paternelle, la vue de la misère, qui est son lot et celui de ses parents, le dégoûte et l'irrite.

Combien valait mieux la petite maison des Sœurs, dans le voisinage de l'église, avec son enclos de haie vive, son verger aux modestes ombrages, ses salles un peu étroites peut-être, mais ensoleillées et toutes radieuses du bon sourire de l'Enfant Jésus ou de la Madone que l'on voyait toujours à la place d'honneur! Les enfants sortaient de là, l'air rayonnant de bonheur, et l'école ne formait pas des déclassés et des mécontents.

L'œuvre de laïcisation, commencée en 1877, se poursuivit les années suivantes, mais avec une recrudescence marquée, à partir de 1881. Des communes importantes comme Virieu-le-Grand, Pont-d'Ain, Lagnieu, Oyonnax, Jujurieux et,

en dehors du diocèse de Belley, Roquevaire et Mazayes remercièrent les Sœurs
qui avaient jusque-là dirigé leurs écoles. On en peut compter près de cinquante jusqu'à la mort de la Révérende
Mère du Cœur. Remplacer les écoles
publiques par des écoles libres était souvent très difficile; pas de ressources assu-
rées, des établissements à faire à ses
risques et périls, à un moment où des
impôts nouveaux écrasaient les Congrégations et compromettaient leur existence!
Mais la Révérende Mère ne se laissait
pas arrêter pour si peu. Elle songeait à
l'âme des enfants, de ces chers enfants
que Notre Seigneur a tant aimés et que
le démon lui ravit! Et c'est grande pitié,
en effet, que cette jeunesse française si
belle, si intelligente, si profondément
pénétrée de toutes les énergies du baptême, soit livrée en proie aux industries
de l'enfer et aux expériences lamentables

des sectes sans Dieu. Tous ceux qui ont du sang chrétien dans les veines doivent voler à son secours et l'arracher, coûte que coûte, au péril de la mort éternelle.

Sur les cinquante localités où l'école communale fut retirée des mains des Sœurs de Saint-Joseph, il y en eut très peu où la Révérende Mère ne réussît à établir des écoles libres, mais parfois au prix d'énormes sacrifices. Ainsi Roquevaire, dans les Bouches-du-Rhône, a laïcisé ses écoles en 1880. Or, à Roquevaire, vit un souvenir sacré pour Saint-Joseph, celui d'un prêtre de cœur et de bien, M. l'abbé Fissiaux, dont le nom est inséparable de la maison de Marseille. La Révérende Mère avait beaucoup et longtemps souffert à l'occasion des fondations de M. Fissiaux, et l'épreuve lui avait été d'autant plus sensible qu'elle lui était venue de personnes qu'elle vénérait.

Pendant plus de quatre ans, les intérêts de la Congrégation avaient été en jeu dans une question très grave, et l'on s'était demandé avec inquiétude quelle solution serait donnée à cette affaire. Dès son arrivée dans le diocèse de Belley, Mgr Richard prit vigoureusement en mains la cause de ses filles spirituelles; il entra en relation à ce sujet avec Mgr l'Evêque de Marseille, porta l'affaire au Ministère des Cultes, la traita, ainsi que disait le ministre, avec son intelligence et son cœur, et bientôt l'on vit s'arranger, à la satisfaction de tous, des difficultés depuis longtemps pendantes. Le décret autorisant les legs de M. Fissiaux fut signé à Versailles, par le maréchal de Mac-Mahon, le 6 novembre 1873. La Congrégation de Saint - Joseph n'oubliera jamais que c'est à l'initiative intelligente et au dévouement du bien-aimé Prélat qu'elle doit d'avoir pu faire reconnaitre

ses droits. Quant à la Supérieure Générale, elle s'était attachée à ces œuvres en
proportion de ce qu'elle avait souffert, et
elle voulut qu'en mémoire de M. Fissiaux il fût établi une école libre et con-
gréganiste à Roquevaire. Cet établissement a nécessité de grands frais; la
somme dépensée, en effet, dépasse 50,000
francs.

A Oyonnax, l'œuvre néfaste s'est ac-
complie au mois de septembre 1882; les
Sœurs ont été renvoyées de l'école communale. Mais il y a là une population
industrielle compacte, intéressante parce
qu'elle travaille et qu'à travers quelques éga-
rements où la politique a sa grande part de
responsabilité, elle reste cependant fidèle
à ses principes de foi. « Nous ne pouvons
pas, disait la Révérende Mère, laisser
une jeunesse comme celle d'Oyonnax
exposée à tous les dangers, sans chercher
à la secourir. » Sa résolution fut bientôt

prise ; un plan de construction, en rapport avec l'importance du pays, fut adopté; et aujourd'hui on voit à Oyonnax un pensionnat, une école et une salle d'asile congréganistes, où afflue la population enfantine de ce pays ouvrier.

A Bellegarde, à Virieu-le-Grand, c'est le même sentiment qui l'inspire, elle achète des maisons et y établit des écoles libres. Partout enfin où souffle le vent de malheur, faisant ses ravages à travers nos paroisses chrétiennes, déracinant les institutions les plus aimées et les plus précieuses, on retrouve cette femme au grand cœur, toujours prête à recommencer, avec la grâce de Dieu et le dévouement des Filles de Saint-Joseph, les œuvres de bien auxquelles elle a voué sa vie.

D'autres difficultés d'ailleurs surgissaient, auxquelles il fallait pourvoir. On sait que la lettre d'obédience délivrée par la Supérieure d'une Congrégation enseignante, autorisée par l'Etat, suffisait à une religieuse pour exercer les fonctions d'institutrice titulaire ou adjointe; et nous avons vu, par les examens que subissaient les élèves de Sœur du Cœur, au temps où elle était Maîtresse des prétendantes, quelles sérieuses garanties prenait Saint-Joseph, pour s'assurer que ses religieuses vouées à l'enseignement avaient la science compétente. La loi du 16 juin 1881 décida que nul ne pourrait enseigner, ni être chargé d'une classe, dans une école publique ou libre, sans être pourvu du brevet de capacité pour l'enseignement primaire. Toutes les équivalences admises par la loi du 15 mars 1850 étaient abolies. On exigeait de même le certificat d'aptitude pour la direction des salles d'asile.

Les obligations nouvelles établies par cette loi pouvaient être une épreuve fatale pour certaines congrégations. A Saint-Joseph, grâce à Dieu, on se trouva prêt : la Révérende Mère avait veillé avec soin sur les études de ses religieuses institutrices. L'organisation des études réglée par les statuts est en effet très sérieuse. Au sortir du Noviciat, les Sœurs sont astreintes pendant neuf ans à un examen moitié écrit, moitié oral, qu'elles subissent avant la retraite de septembre. Chacune reçoit sa note avec des récompenses correspondant à sa valeur, témoignage sans importance en lui-même, mais cher au cœur de celle qui le reçoit, parce qu'il exprime la satisfaction d'une Mère aimée. Les jeunes religieuses sont divisées par ordre de force en trois classes, et à la suite des examens elles peuvent, suivant. le résultat, être admises à une catégorie supérieure. Puis il y a les visites annuelles faites au nom de la Révérende Mère ou par elle, pour constater, non seulement la tenue de la maison, mais encore le travail de chaque Sœur. Outre cette organisation, ce qui a dû contribuer singulièrement au succès des religieuses de Saint-Joseph dans les examens pour le brevet, c'est leur *Manuel*. Cette méthode de pédagogie, fruit d'observations excellentes, n'a pas été moins utile à la formation des Sœurs, dont elle dirigeait les travaux, qu'à l'éducation des enfants confiés à leurs soins.

Quoi qu'il en soit des causes naturelles qui expliquent leurs succès, il est évident que Dieu a béni tout particulièrement les Sœurs de Saint-Joseph pour leurs examens. La loi datait du 16 juin ; le 7 juillet il se présenta dix-huit religieuses de la Congrégation pour l'obtention du brevet ; dix-sept réussirent. Ce premier succès encouragea les autres. Sitôt que les vacances furent commen-

cées, le Noviciat, qui venait d'ouvrir **ses**
portes pour laisser partir les pensionnaires, les rouvrit encore à des groupes
nombreux de jeunes Sœurs qui, **de**
tous les points du diocèse et de la
France, venaient à l'appel de leur vénérée Mère, subir une préparation immédiate à l'examen du brevet. C'était un
nouveau et grand sacrifice qui leur était
demandé. Après une année de labeur,
passée au fond de leurs écoles de village, inviter ces chères enfants à renon-
cer aux deux mois de repos qu'elles
avaient si bien mérités, pour s'appliquer
de rechef à un travail absorbant, fiévreux,
comme celui qui se fait à la veille **d'un**
examen, la bonne Mère sentait bien
que c'était beaucoup, et quelquefois en
les recevant à leur arrivée, elle les plaignait. « Point du tout, ma Révérende
Mère, répondaient-elles, nous sommes
vraiment trop heureuses de venir passer

deux mois au Noviciat. Nous travaillerons, mais nous serons ensemble auprès de vous. Quel bonheur ! — Eh bien ! oui, reprenait Mère du Cœur, je veux que vous y soyez heureuses. J'aurai bien soin de vous. » Et en effet sa sollicitude maternelle, toujours si aimable, sembla se faire plus tendre et plus délicate que jamais. Récréations agréables et charmantes surprises, promenades extraordinaires et suppléments au réfectoire, rien n'était oublié de ce qui pouvait les reposer ou les fortifier ; et certes ce n'était pas hors de propos, car ces généreuses enfants, s'entraînant les unes les autres, travaillaient avec tant d'acharnement que plusieurs y perdirent leur santé. Il y en eut qui succombèrent quelque temps après.

La Révérende Mère se faisait rendre compte, chaque semaine, des devoirs qui avaient été faits, des notes méritées ; elle voyait souvent les Sœurs en particulier et les encourageait; mais, le plus souvent, elle devait modérer leur ardeur.

La prière n'était pas négligée; Mère du Cœur la regardait comme la meilleure des préparations, et elle avait soin d'y employer tout le personnel du Noviciat; c'était comme un feu roulant de prières, une série sans interruption de chapelets, de rosaires, de chemins de Croix et de communions en vue d'obtenir la bénédiction de Notre Seigneur et la protection de saint Joseph pour les examens.

Quand arriva le mois d'octobre, on fit un choix; 72 d'entre elles furent jugées dignes d'être présentées et très capables de réussir; la première pensée de la Révérende Mère fut de mettre la liste des noms aux pieds de la statue de la Sainte-Vierge; puis elle fit venir les aspirantes au brevet, bandes par bandes, suivant qu'elles devaient aller à Besançon, à Aix ou à Valence, et leur adressa ses dernières recommandations : « Mes chères Enfants, leur dit-elle, abandonnez-vous complètement à la volonté du bon Dieu. Si vous réussissez, nous le remercierons ensemble ; si vous échouez, ce sera une épreuve pour vous et pour votre Mère ; mais il faudra encore y voir la volonté de Dieu, car j'aime à vous rendre le témoignage que vous avez bien travaillé, et je m'en suis assurée par moi-même, vous êtes toutes capables de très bien réussir. Au reste, voici une médaille que vous porterez ; puisse-t-elle vous être une sauvegarde ! Je prierai pour vous, soyez sans crainte, tout ira bien. » Et elle les bénit et les embrassa.

Les bonnes religieuses sortirent joyeuses et pleines d'assurance, persuadées que les prières de leur sainte et vénérée Mère leur porteraient bonheur ; leurs paniers de provisions pour le voyage étaient prêts; la Révérende Mère avait eu soin d'y faire glisser quelques douceurs. Au chemin de fer, on prit les secondes; car elle l'exigeait, soit à cause de la longueur du voyage, soit pour sauvegarder la dignité religieuse; et de même, pour des raisons analogues, elle voulait qu'elles fussent logées dans de bons hôtels.

Sur les 72 qui se présentèrent, 67 obtinrent leur diplôme. A mesure que la Révérende Mère recevait les télégrammes qui devaient lui annoncer les résultats, elle se jetait à genoux, avant même de les ouvrir, et ce n'est qu'après avoir dit : « Mon Dieu, quoi que ce soit, je l'accepte; qu'il nous soit fait selon votre volonté! » qu'elle se relevait et lisait la dépêche. Celles qui avaient échoué revenaient avant leurs compagnes; elle voulait les voir tout de suite, pour être la première à les consoler, et à leur faire

oublier ce que leur échec pouvait avoir
d'attristant. Puis, quand les autres ren-
trèrent, heureuses de rapporter à leur
Mère bien-aimée ce certificat tant désiré :
« Mes Enfants, leur dit-elle, nous savons
déjà vos succès par le télégraphe. Met-
tons-nous à genoux pour remercier le bon
Dieu toutes ensemble; et, après, vous
nous raconterez tout le détail. »

Ces premiers succès de 1881 n'étaient
que le gage et le prélude de ceux qui
suivirent. Chaque année, en partant pour
les examens, les Sœurs se disaient :
« Notre Mère est une sainte , nous
obtiendrons des miracles. » Et on les
obtenait en effet, tant les résultats étaient
merveilleux. Après avoir réussi, leur première pensée à toutes était de dire :
« Oh! comme notre Mère va être heureuse ! »

Quant à elle, au milieu du bonheur
que Dieu lui envoyait, ainsi qu'à ses

filles, elle se préoccupait de garder à l'abri de toute atteinte l'esprit religieux de la Congrégation. Elle ne se dissimulait pas que la question du brevet constituait pour les Sœurs un danger grave, qu'elle jetait dans ces âmes, jusque-là si tranquilles, des préoccupations inconnues, et qu'il eût été souverainement désirable d'écarter de ces existences vouées tout entières au Dieu de paix le trouble et la fièvre des examens, cette plaie de notre époque. Hélas ! c'était un mal nécessaire ; la Révérende Mère le subissait en le déplorant. Mais si elle était obligée, pour un plus grand bien, de se plier aux exigences de la législation nouvelle, du moins elle maintenait avec plus de force que jamais les pieuses traditions de Saint-Joseph et le vieil esprit de simplicité qui est en honneur dans cet Institut. Les brevets n'occasionnèrent pas une seule dérogation au règle-

ment. Ainsi, bien que cela se soit fait
dans d'autres religions, jamais elle n'a
permis que les Sœurs de Saint-Joseph
changeassent de costume pour se présenter aux examens. Dans n'importe quelle
Académie, que ce fût à Chambéry, à
Privas, à Belfort, à Montpellier ou à
Nevers, c'était sous le saint habit qu'elles
affrontaient les épreuves, et plus d'une
fois, après un brillant examen, elles
eurent l'honneur d'être félicitées. D'ailleurs l'humilité n'eut pas à souffrir de
ces succès. La Révérende Mère répétait
sans cesse : « Que notre chère Congrégation soit toujours la *petite* Congrégation de Saint-Joseph; dès l'instant qu'elle
ne réaliserait plus ce titre que lui donnent si souvent nos constitutions, elle
ne ferait plus l'œuvre de Dieu... L'esprit du monde, qui est un esprit d'orgueil
et de vanité, doit être inconnu dans la
petite famille de Saint-Joseph. »

Ainsi, grâce à la sagesse de la Supérieure générale, la Congrégation de Saint-Joseph sortait triomphante de cette épreuve si grave. Elle put continuer à enseigner partout, gardant les postes que Dieu lui avait assignés, faisant le bien au milieu des contradictions humaines, distribuant le pain de la doctrine de Jésus aux petits enfants avides de le recevoir. La Révérende Mère encourageait tous les dévouements, soit par ses lettres pleines de charité, soit par les visites qu'elle faisait faire régulièrement. Tant que ses forces et ses occupations le lui permirent, elle tint à s'acquitter elle-même de ces visites annuelles, qui étaient la partie de ses fonctions à laquelle l'entraînait le plus la profonde tendresse de son cœur pour ses Sœurs et pour les enfants qui leur étaient confiées. Elle ne manquait pas de voir en personne les grands établissements de

Paris, de Marseille, de Clermont, de Belley; mais aussi, elle se délectait à faire la visite des plus pauvres maisons religieuses de la Michaille et du Bugey, et quand elle arrivait dans une salle d'école toute pleine de petites filles, qui la regardaient avec de grands yeux étonnés et contents : « Oh! ma Sœur, disait-elle à la maîtresse qui en était chargée, que vous êtes heureuse! et combien je voudrais être à votre place! »

Nous l'avons dit, elle apportait le bonheur sous l'humble toit des Sœurs, elle entrait dans le détail des emplois de chacune et passait avec elles toutes la récréation du soir, qu'elle animait toujours par sa douce gaieté et où elle semait l'édification dans les âmes, soit par un trait pieux, soit par ses oraisons jaculatoires.

Souvent, en effet, pendant que la conversation était la plus animée, on lui voyait l'air recueilli et ses lèvres mur-

muraient une courte prière. Pendant le repas, elle ne s'appliquait qu'à bien servir les Sœurs. Un jour, elle distribue à gauche, à droite, autour d'elle, les meilleurs morceaux d'un poulet mis sur table en son honneur; tout le monde étant servi, il ne lui reste absolument que des os sans viande. Mais, profitant d'une distraction de la Révérende Mère, une de ses voisines, d'un geste prompt comme l'éclair, lui enlève son assiette et opère une adroite substitution, à laquelle Mère du Cœur finit par se rendre en souriant.

Malgré toute sa bonté, ses observations impressionnaient vivement. Apprenant une fois qu'une religieuse s'était impatientée en classe et avait des brusqueries et des corrections trop vives à se reprocher, elle lui fit une sévère remontrance, puis elle conclut en lui disant : Mon enfant, je vous pardonne; mais n'y retournez pas. « Je sortis bien disposée à me corriger, rapporte la Sœur, et depuis, avec les bons conseils et les prières de notre bonne Mère, j'y suis parvenue. » C'est à la même qu'elle disait cette parole toute de foi et de piété : « Quand vous avez une enfant difficile, recommandez-la à son bon Ange, et vous êtes sûre qu'elle deviendra sage et bonne, comme vous la désirez. » La Sœur a suivi ces conseils et elle a eu lieu de s'en applaudir. « Rappelez-vous, disait-elle à une autre, que, dans votre emploi, vous devez être reine, mère et maîtresse. Jamais de bassesse, jamais de dureté ni d'impatiences, jamais de lâcheté ni de paresse. »

Et encore : « Faites bien prier les enfants, c'est un point essentiel. Ah ! ma bonne Sœur, ajoutait-elle, que je voudrais pouvoir aller faire la classe à ces pauvres enfants et me dévouer ! J'ai remarqué que le bon Dieu bénit, lorsqu'on se dévoue. »

Quand la maladie vint mettre un terme à ses courses errantes à travers les chères maisons de Saint-Joseph, du fond de sa chambre de malade, elle avait encore l'œil de son intelligence et de son cœur à tout ce qui les concernait. Et ne pouvant plus voir les enfants confiées loin d'elle aux soins de ses filles chéries, elle se dédommageait du moins en voyant celles du Noviciat plus souvent. Pas une dont elle ne voulût connaître le nom et suivre les progrès. Chaque mois, elle se faisait un devoir d'aller entendre lire les notes et distribuer les récompenses. A son sourire bienveillant, aux paroles encourageantes qu'elle leur adressait, les élèves sentaient qu'elles étaient l'objet de la plus tendre sollicitude. Elle entrait dans les détails de leur vie, songeait à leurs récréations, à leurs délassements;

et cette minutieuse attention pour leur bien-être et leur bonheur se prolongea jusqu'aux derniers jours de sa vie : car peu de temps avant sa mort, elle s'informait encore de la petite récréation que l'on a coutume d'accorder pour la fête de sainte Catherine.

Certes, une âme si simple et si candide devait aimer les enfants; mais elle savait aussi se faire aimer d'eux, et les enfants, obéissant à une irrésistible sympathie, allaient droit à elle comme à une mère. Son nom seul excitait parmi les élèves de Saint-Joseph un véritable enthousiasme; c'était pour elles un nom synonyme de sainteté et de bonté. On demandait à une des plus jeunes d'entre elles ce que c'était qu'une sainte. « Oh ! une sainte, répondit-elle, ce doit être comme notre Révérende Mère. » Sorti de la bouche d'un enfant, l'éloge était complet aussi bien que mérité.

Ces enfants avaient donc deviné en elle le charme des Saints, ce charme indéfinissable, fait de la douceur qui attire et de la sagesse qui inspire la vénération, ce je ne sais quoi de suprasensible et de divin, oserai-je dire; car c'est la présence même de Jésus qui se trahit dans leurs yeux, sur leurs lèvres et par tous leurs organes, comme aux jours de sa vie mortelle, une vertu mystérieuse sortait de Lui. *Virtus de illo exibat.*

Du reste, si calme que fût son aspect, si aimable que fût son abord, c'était une sainteté éprouvée, grandissant dans l'amertume et la contradiction. Durant sa longue carrière de Supérieure générale, la peine est venue à Mère du Cœur de Marie des points les plus inattendus. Lors de la dernière épidémie qui a fait tant de victimes dans la commune de Thoiry, dès le premier appel, elle avait envoyé trois religieuses pour soigner les

malades; puis, comme ce nombre ne suffisait pas, deux autres Filles de Saint-
Joseph avaient suivi leurs compagnes.
Lorsque, le fléau ayant cessé, M. le
Maire vint remercier la Révérende Mère
du dévouement des Sœurs et demander
ce que la commune devait à la Congrégation : « Absolument rien, répondit-elle,
et je vous remercie de tout cœur, M. le
Maire, d'avoir bien voulu penser à nous
dans cette triste circonstance. » Comme
c'est là le langage de la charité chrétienne! La liberté de faire du bien, l'occasion de consoler les tristesses humaines, la joie de soulager les membres
souffrants de Jésus-Christ, voilà tout ce
qu'elle demande. Mais Dieu permet qu'il
s'y ajoute ordinairement quelque chose
de plus, l'ingratitude des hommes et le
mérite de leurs persécutions; le programme de la charité n'en est que plus
désintéressé, et ses joies, ainsi débar-

rassées des éléments de tout bonheur humain, n'en sont que plus pures.

Pendant ces dernières années, la laïcisation a sévi sur les établissements hospitaliers comme sur les écoles, et la Congrégation de Saint-Joseph en a souffert. Quelque temps avant 1870, la Préfecture de la Seine avait confié aux Sœurs le service de trois asiles d'aliénés, Sainte-Anne à Paris, Ville-Evrard et Vaucluse. Chacun de ces établissements comptait de quarante à quarante-cinq religieuses.

Pendant la guerre, elles ont eu beaucoup à souffrir, surtout celles de Sainte-Anne dont la vie était constamment en danger. Elles ont attribué leur préservation à la protection de saint Joseph.

On voit à la Maison-Mère un tableau représentant la *Nativité de la Sainte-Vierge* offert par le Président de la République aux Sœurs de Sainte-Anne, en reconnaissance des soins qu'elles ont prodigués aux blessés. Mais avec le progrès des idées irréligieuses, les dispositions ont changé : l'asile a été laïcisé le 1er janvier 1884, celui de Ville-Evrard un an après, et enfin celui de Vaucluse le 1er juillet 1885. Devant un parti-pris de haine contre la religion, la Révérende Mère ne pouvait que gémir ; elle accueillait à bras ouverts les chères expulsées : « Venez, leur disait-elle, vous avez une Maison-Mère ; là vous trouverez toujours un refuge. »

Parfois cependant, devant une injustice criante, son cœur se révoltait. La Supérieure d'un hôpital avait vieilli dans l'exercice de ses pénibles fonctions ; deux membres de la Commission vinrent un jour demander à la Révérende Mère le changement de cette Supérieure. « Comment pouvez-vous, répondit-elle, me faire une proposition semblable ? Une religieuse qui est restée si longtemps dans son emploi, qui vous a rendu tant de services, qui mérite la reconnaissance et la vénération de tous, vous voulez la chasser ! Jamais je ne me prêterai à une mesure pareille. » Les deux visiteurs balbutièrent quelques excuses, et la Supérieure fut maintenue à son poste.

Et maintenant, bien que nous en soyons à la série des épreuves qui ont marqué le généralat de Mère du Cœur de leur douloureuse empreinte, nous ne raconterons pas, par le détail, les procès retentissants et pénibles des dernières années. Il est des noms qui ne peuvent figurer sur ces pages à côté du nom vénéré que nous aimons à y faire revivre. La Révérende Mère a eu la douleur de voir une personne qui avait été un moment une de ses filles bien-aimées et que l'on avait comblée de bienfaits depuis sa première enfance, se retourner contre la famille religieuse qui l'avait reçue, nourrie, élevée et la poursuivre d'accusations et de revendications également odieuses. Si le cœur de la Mère a saigné, la fermeté de la Supérieure a été indomptable. Quand on lui demandait ce qu'elle savait de l'état civil de cette personne : « Je ne l'ai pas, répondait-elle; je ne l'ai jamais connu. C'est une enfant abandonnée, que nous avons reçue par charité, et que nous avons élevée de même. D'ailleurs, quand je saurais quelque chose, ce serait un secret professionnel, que je devrais garder à l'exemple des Supérieures qui m'ont précédée, et je ne dirais rien. — Mais au moins, disait M. le Procureur, faites quelque chose pour elle; assurez-lui une pension. » Pour condescendre aux désirs du magistrat, elle consentît à offrir cent francs de rente à titre de simple aumône. Mais comme on demandait une pension à titre de dédommagement : « Non, jamais, dit-elle. Je ne dois rien, je ne donnerai rien. Je ne puis laisser croire que nous sommes coupables, et que nous avons lésé les droits de cette personne, tandis que nous ne lui avons fait que du bien. » Tout cela était dit avec calme; mais c'était le calme de la force. Quand on voyait Mère du Cœur de Marie si douce et si modeste dans son maintien, on n'aurait jamais cru que, sous cette vertu si aimable, il y eût tant d'énergie et de volonté.

Une dernière croix était réservée à la Révérende Mère dans l'affaire de ce malheureux aliéné dont a voulu faire une victime intéressante et qui n'a toujours été qu'un malade souverainement dangereux. On vit à ce propos, sur le banc des accusés, une religieuse d'un nom et d'un caractère également respectés. Les débats se prolongèrent plusieurs jours, et ce fut l'angoisse dans le triomphe : car si l'innocence de la Congrégation

éclata aux yeux du public, il était souverainement douloureux pour la Révérende
Mère de voir l'humble robe des filles
de Saint-Joseph à travers les ardentes
passions du prétoire.

« Si l'on vous condamne à la prison,
disait-elle à la Sœur accusée, c'est moi
qui irai la faire comme première res-
ponsable. Et j'espère bien, ajoutait-elle
en souriant, que l'on me laissera choisir
mon moment. » Quand la justice humaine
eut prononcé, elle se contenta d'en appeler dans son for intérieur, à la justice
suprême, à celle qui sonde les reins et
les cœurs, et dont les arrêts ne sont
pas exposés à l'erreur. Vainement les
hommes de loi la pressaient de faire
réformer le premier jugement, elle s'y refusa toujours. « Et l'événement a prouvé,
dit l'un d'entre eux, qu'elle avait raison
contre nous tous. La Congrégation a
bien fait de ne pas en appeler. » Et un

autre s'exprime ainsi à propos de la même question : « Je n'ai jamais vu de personne ayant l'habitude des affaires comme elle. »

Au milieu de toutes ces affaires épineuses, son attitude a toujours été digne et correcte, et son langage irréprochable à l'égard de l'administration. Elle avait au plus haut degré le respect de l'autorité, quelle qu'elle fût, et dans les mesures qui la contrariaient le plus, elle voyait la volonté de Dieu, et elle s'y soumettait en gardant le calme dans son cœur et la charité pour les personnes.

Nous avons cru devoir exposer son rôle de Supérieure à travers ces graves questions ; elle tenait le gouvernail, et si, dans ces temps orageux, la chère nacelle a pu éviter bien des écueils et des abîmes, c'est que, grâce à Dieu, ni la sagesse, ni la fermeté ne manquèrent aux mains qui la conduisaient. Ses filles pieuses auront sans doute reconnu là celle qui fut leur bon conseil, leur soutien et comme leur seconde Providence au milieu de tant d'épreuves. Il ne reste plus qu'à parler des vertus de sa vie intime.

CHAPITRE VI

LA SUPÉRIEURE

DE tous les traits de caractère qui constituent la physionomie morale de la Révérende Mère du Cœur de Marie, le plus remarquable et celui dont ses filles garderont le plus durable souvenir est sans contredit la bonté de son âme. C'est par là qu'elle possédait la royauté des cœurs, le plus bel apanage qu'il soit possible d'ambitionner ici-bas. Notre Seigneur l'a dit, cette douceur est une béatitude, la plus aimable de toutes, et elle fait régner le bonheur autour d'elle, aussi bien que dans l'âme qui en est pénétrée. Qu'il est digne d'envie le sort de la famille religieuse dont la Supérieure a reçu, avec la charité du Christ, des entrailles de mère ! Il circule alors dans les maisons les plus austères comme une brise de bonheur. Chacune sent qu'elle a pour mère et pour première amie celle à laquelle remontent toutes les affections et tous les respects ; partout l'entrain joyeux dans l'obéissance, le sourire de la paix, la confiance et la dilatation du cœur. Et l'on sent vivement ces délices de l'habitation commune dont parle l'Ecriture : *Ecce quàm bonum et quàm jucundum habitare fratres in unum.* Oh! qu'il est bon et doux pour des âmes sœurs d'habiter ensemble !

C'est là une première compensation des sacrifices de la vie religieuse. Quand de jeunes chrétiennes ont dit adieu à la

maison paternelle, à ses lieux préférés,
à ses visages chéris, le Christ, pour
l'amour duquel elles ont tout quitté, fait
retrouver à ces âmes aimantes les joies
et les affections de la famille religieuse :
elles ont à ce nouveau foyer une mère
et des sœurs pour combler le vide fait
dans leur existence.

Mère du Cœur de Marie, à l'exemple
du Bon Pasteur, connaissait toutes ses
brebis. Grâce à sa prodigieuse mémoire,
elle savait le nom de famille de chacune des Sœurs de Saint-Joseph et
toutes les particularités qui leur étaient
personnelles : aussi lorsqu'elle rencontrait une de ses filles, à quelque maison que celle-ci appartînt, il était rare
qu'elle n'eût pas quelque chose d'aimable à lui dire, en lui rappelant telle ou
telle circonstance du passé. Du reste,
son affection était sérieuse. Dans les entretiens qu'elle avait seule à seule avec

les Sœurs pendant les retraites, elle allait toujours au fond de l'âme et descendait dans les détails intimes de la vie religieuse. Si parfois son interlocutrice oubliait de lui parler de son intérieur, elle-même soulevait la question. « Comment faites-vous l'Oraison ? Et la Communion spirituelle ? » Elle la recommandait souvent.

Elle disait à une religieuse, qui rapporte cet entretien : « Vous savez, mon enfant, que je n'aime pas du tout les cajoleries ; j'aime l'amitié que le bon Dieu aime, qui s'appelle charité. Vous me dites que vous m'êtes bien attachée, je le sais, ma fille, et je vous le permets pour vous tenir dans la fidélité au devoir et le courage, et pour vous porter à l'amour de la croix. Aimez-vous les croix ? — Ma Mère, elles me font peur. — Demandez-les pour moi. — Ma Mère, j'aime mieux offrir ma vie pour conserver la vôtre que de demander des croix pour vous. — Eh bien, demandez que je les aime, que je les porte sans me plaindre. Et vous, quand vous aurez des peines, écrivez-moi, je prierai et ferai prier pour vous. » Si nous donnons cet extrait dans sa simplicité, c'est qu'il nous semble reproduire à merveille les recommandations pratiques qu'elle faisait à ses filles et le ton affectueux qu'elle savait prendre.

Parmi les Sœurs, s'il en était qui fussent souffrantes ou qui eussent de la peine, celles-là étaient ses filles de prédilection, et elles avaient beau essayer de dissimuler leur chagrin pour ne pas attrister le cœur de leur Mère, son regard doux et pénétrant semblait lire jusqu'aux plus intimes replis de leur âme et y découvrait la souffrance cachée. Et alors elle vous consolait avec un charme infini; car elle possédait au suprême degré ce don suave qui nous rapproche de Celui que saint Paul appelle le Père des miséricordes et le Dieu de toute consolation. *Pater misericordiarum, Deus totius consolationis.* C'est qu'en réalité elle avait Dieu et la miséricorde dans le cœur. Ordinairement elle allait droit à la difficulté : « Dites-moi, mon enfant, ce qui vous fait de la peine. Pourquoi êtes-vous restée si longtemps sans me faire part de vos ennuis? » Alors le secret pénible s'échappait. Dans une confidence émue on disait tout, et l'on se retirait le cœur soulagé, avec des consolations qui avaient pénétré jusqu'au plus profond de l'âme.

Une Supérieure était restée à la Maison-Mère après une retraite, en vue d'un changement de poste ; et il lui était dur de quitter une œuvre qui lui était chère, un pays où elle s'était dévouée et d'où elle était obligée de partir, parce que la malveillance s'acharnait après elle. Et elle était allée s'agenouiller aux pieds de la Madone que toutes les Sœurs de Saint-Joseph connaissent bien, sur ce tertre de verdure qu'elles appellent la montagne. Là, elle confiait ses ennuis à Marie. La Révérende Mère vint à passer auprès, et elle alla tout droit à la Sœur. « Mon enfant, vous paraissez bien triste. Que faites-vous là ? » La Sœur qui avait le cœur gros et les yeux pleins de larmes, lui répondit : « Ma Mère, je prie la Sainte-Vierge de se mettre de mon côté et de me dédommager un peu de l'ingratitude des créatures. — Oui c'est bien, ma Fille, priez la Sainte-Vierge d'adoucir votre chagrin; et si les hommes sont injustes et méchants, ils n'en sont que plus malheureux; il faut encore prier pour eux. N'ayez crainte, je comprends et je partage vos ennuis, et je ne vous abandonnerai pas dans cette épreuve. » En effet, quelques jours après, elle envoyait cette

Sœur à un poste plus tranquille; souvent ensuite, elle fit prendre de ses nouvelles, et elle ne cessa de lui témoigner un intérêt tout particulier.

Une autre fois, c'est une Sœur du Noviciat qu'elle envoie en mission temporaire dans un établissement en péril. Mais pour lui laisser le mérite d'un sacrifice complet, elle ne lui dit pas qu'elle n'est éloignée que pour un temps. La pauvre Sœur ne fait aucune représentation, elle se soumet, remercie et se retire. Mais à peine a-t-elle franchi la porte, les sanglots, un moment comprimés, éclatent; la Révérende Mère l'entend, elle sort aussitôt et va consoler la chère affligée en lui assurant qu'elle reviendrait bientôt. Quelques jours après le départ de la Sœur, elle lui écrivait de sa main : « Mon Enfant, voilà quinze jours que vous avez quitté le Noviciat; quelques mots seulement nous ont donné des nouvelles de votre arrivée; cela ne nous suffit pas; nous avons hâte de savoir ce que vous faites; car il y a pour vous une grande différence entre N. et le Noviciat. Ecrivez-nous donc et donnez-nous des détails sur la chère Communauté. Dites-nous surtout comment se font les exercices religieux, comment règne la charité. Nous espérons que votre lettre nous donnera de la consolation. »

C'est ainsi qu'elle savait mettre toujours le baume sur les plaies qu'elle était obligée de faire, et les sacrifices que demandait la sainte obéissance devenaient consolants, tant la Révérende Mère savait les adoucir par ses attentions délicates et ses ménagements.

Les maisons religieuses sont l'asile de la paix, le plus sûr qu'il pût y avoir, si l'on pouvait jouir ici-bas d'une tranquillité parfaite. Loin des passions du monde

et des soucis de la vie matérielle, on y
aime Dieu à l'envi, et la charité répand
ses charmes sur toutes ces chères existences vouées en commun à la pratique
du détachement de tout bien. Mais ce
calme ne saurait plaire au démon, l'éter-
nel ennemi de notre bonheur; l'âme elle-
même, de sa nature, est inquiète et ingé-
nieuse à se tourmenter. A défaut des
grandes préoccupations qui troublent et
désolent, que de petites souffrances parfois au fond des cœurs, que d'ennuis
sans motif, que de craintes sans fondement! Heureusement, il suffit, à une
Supérieure aimée, d'une parole, d'un
regard, d'un souffle pour dissiper tout
nuage et ramener la sérénité sur ces
fronts pieux. Mère du Cœur de Marie
excellait à ce ministère d'apaisement et
de consolation; à ces pauvres âmes souffrantes, elle témoignait une bonté plus
particulière pour leur donner une com-

pensation immédiate ; elle priait un moment avec elles, ou bien même elle avait parfois recours à une innocente plaisanterie. Un jour qu'une de ses filles lui confiait des peines de ce genre, la bonne Mère l'écoutait en souriant ; tout à coup, elle se lève comme pour aller prendre quelque chose du côté de la fenêtre ; la religieuse aussitôt de s'offrir pour lui épargner ce dérangement. « Mon Enfant, répond aimablement la Révérende Mère, je me lève pour ouvrir la fenêtre et chasser le diable ; c'est lui qui vous met toutes ces misères dans la tête, pour vous faire souffrir. »

La délicatesse de son cœur était vraiment touchante à l'égard des Sœurs malades. Si elles étaient loin, elle leur faisait parvenir un petit souvenir, une image, témoignage d'affection de valeur minime, mais infiniment précieux parce qu'il venait d'une mère bien-aimée. Parfois il arrivait qu'une religieuse souffrante était envoyée dans une autre maison, sous un climat plus doux, afin d'y rétablir sa santé ; mais la Révérende Mère ne voulait pas qu'elle se sentît à charge à la Communauté où elle entrait. La chère malade apportait toujours avec elle, ou bien elle recevait quelque temps après son arrivée, une somme largement suffisante pour défrayer l'établissement. Mère du Cœur savait encourager ces chères malades en qui elle voyait Notre Seigneur. « On me dit que vous souffrez beaucoup et que vous le faites avec patience, ce qui est bien agréable au bon Dieu. Il vous fait part de sa Croix ; mais c'est un Dieu si bon qu'Il vous aide à la porter. Vous êtes sur la Croix, mais Dieu compte sur vous ; courage ! Pensez à moi dans vos souffrances. » A la Maison-Mère, la charitable Supérieure allait voir tous les jours ses filles à l'infirmerie; elle avait beau être malade elle-même et débordée par les occupations, rien ne la dispensait de ce devoir de charité; elle ne tarissait pas en recommandations sur les soins à leur donner. Mais si la santé du corps la préoccupait, celle de l'âme l'intéressait bien plus vivement. Que de ferventes prières n'adressait-elle pas à Dieu lorsqu'une religieuse était sur le point de mourir! Que de pieuses invocations elle lui suggérait! Elle compatissait aux peines de famille de chacune, pertes de fortune, décès, maladies, épreuves diverses. Sans même qu'on lui en parlât, elle y pensait à l'occasion pour consoler la Sœur affligée. Mais où l'on pouvait peut-être le mieux juger du fonds inépuisable de bonté et de charité que renfermait son cœur, c'était dans la miséricorde dont elle usait envers celles qui se trouvaient en faute.

On dit quelquefois qu'il faut avoir payé

tribut à la fragilité humaine pour l'excuser chez les autres. Mère du Cœur, qui
avait toujours été si fidèle au devoir et
dont on n'aurait pas su dire le défaut,
donnait aux faiblesses d'autrui une compassion sans bornes. Les personnes charitables souffrent de la faute commise,
les autres s'irritent contre ceux qui la
commettent. « Auprès d'elle, raconte une
de ses filles, les aveux les plus pénibles
devenaient doux et faciles, et l'on était
sûr à l'avance qu'elle montrerait d'autant plus de douceur et de bonté que la
faute à avouer était grave ou sérieuse.
Un jour, je ne puis y penser sans honte
et sans regret, je répondis par une saillie
pleine d'humeur et d'impolitesse à une
de ces attentions toutes maternelles dont
son cœur seul avait le secret. Elle garda
le silence, mais un regard doux et humble, plein d'une compatissante tristesse,
me révéla toute la peine que je venais

de lui faire. Ce fut son seul reproche ; mais il me remplit de regret en me ramenant aux sentiments de la plus affectueuse et plus religieuse soumission. »

« Au milieu des occupations les plus multipliées, dit encore cette relation, elle recevait les moindres de ses filles qu'une pieuse confiance amenait à elle. Un jour, me trouvant dans la peine, je lui écrivis ces deux mots : « Ma Mère, « si vous pouviez, aujourd'hui, faire un « petit acte de charité en ma faveur, en « m'accordant quelques minutes d'entre- « tien, vous me rendriez un service dont « je vous serais très reconnaissante. » Le billet, par oubli, ne lui ayant été remis que fort tard, je dus me résigner à aller prendre mon repas du soir sans qu'elle eût pu satisfaire à ma demande. Mais quelle ne fut pas ma surprise, lorsqu'une Sœur vint me dire, au lit, de sa part, la cause qui l'avait empêchée de me voir, mais en me recommandant d'être bien tranquille, de dormir en paix. Le lendemain, de bonne heure, elle me ferait appeler. »

Il nous serait difficile de relater tous les petits traits de ce genre que nous avons trouvés dans les lettres des Sœurs. L'exquise bonté de leur Mère les a tellement ravies et pénétrées de reconnaissance, que, lorsqu'il s'est agi de recueillir leurs souvenirs, toutes les pages que la piété filiale d'un grand nombre d'entre elles a consacrées à les reproduire, ont été remplies des détails de sa bonté et de leur amour pour elle. « Du plus loin que je la voyais dans un corridor, dit l'une, je lui disais : Bonjour, ma Mère; pour m'entendre répondre : Bonjour, ma fille. » Et une autre : « J'aimais à la surprendre seule dans un corridor, pour avoir le plaisir de lui aider à marcher. Plusieurs fois, oubliant toutes ses souffrances, elle s'appuyait contre un mur et me visitait de la tête aux pieds pour voir si j'étais assez chaudement habillée. » Toutes, elles disent qu'elle était Mère dans toute la force du terme, qu'au lieu d'éprouver, à son abord, cette réserve un peu craintive qu'inspirent naturellement les supérieurs, on allait à elle avec la plus entière et la plus filiale confiance. Seule, une jeune novice, un jour d'entrée en retraite, n'osait traverser le groupe des Sœurs qui se pressaient, à leur arrivée, autour de la Révérende Mère pour la saluer et l'embrasser. Mère du Cœur remarqua cette petite Sœur un peu effarouchée, et l'abordant l'instant d'après dans un coin : « Eh, ma Sœur, lui dit-elle, je croyais que vous ne me connaissiez plus! »

Une autre, dans une de ces communications intimes qui sont dans l'esprit de la Règle, lui disait naïvement toutes ses tristesses. C'était une des plus humbles, elle n'avait aucun de ces dons extérieurs qui charment et attirent l'attention. « Moi, je suis ici une des dernières, disait-elle; d'ailleurs je n'ai plus personne au monde qui m'aime, et si je viens à mourir, personne ne s'intéressera à moi et ne pensera à prier pour le repos de mon âme. — Que dites-vous là, repartit l'excellente Mère, moi je vous aime. Ecoutez : faisons une convention. Si je meurs avant vous, je compte que vous prierez beaucoup pour moi, et si vous mourez avant moi, je vous promets de ne pas vous oublier et de beaucoup prier pour le repos de votre âme. »

On se sent vraiment dans une famille où règne la cordialité, où chacun a sa part du bon et réjouissant foyer d'affection qui est le cœur d'une mère. Les plus petits ne sont pas oubliés, et c'est même le privilège de leur faiblesse d'attirer sur eux des sollicitudes plus tendres et plus minutieuses.

L'autorité digne de ce nom ne méprise personne. A l'encontre du préteur antique qui faisait profession d'ignorer les petites gens, leurs désirs, leurs besoins, elle descend dans le détail, elle songe et pourvoit à tout, et, pour tous ceux que la Providence a mis sur son chemin, elle a cette mémoire du cœur qui n'oublie aucune des larmes qu'elle a vu répandre, aucun des soupirs qu'elle a entendus ou devinés. Elle sait le pouvoir merveilleux qu'elle a de consoler, d'encourager par un mot, un regard, une démarche silencieuse et discrète, mais où se livre son cœur, et elle n'a garde d'y manquer. « Je venais de perdre mon frère, raconte une des filles de la Révérende Mère ; ma douleur fut d'autant plus grande qu'elle était concentrée : personne au foyer paternel pour consoler mes vieux parents ! Je dévorais en silence mon chagrin et mes inquiétudes. Au mois de septembre, je vins au Noviciat pour l'examen et la retraite. Le dernier jour, à la distribution des souvenirs, notre Révérende Mère m'offrit un livre intitulé *Le Chemin du Calvaire.* Seule je reçus la précieuse brochure, et cependant je n'étais pas nommée la première. Pourquoi cette distinction ?.. Notre Révérende Mère avait deviné ma douleur et m'offrait la plus forte, la plus douce des consolations. La Passion de Notre Seigneur était en effet la considération la plus puissante pour me faire accepter ma croix. »

Une autre venait de perdre sa mère : « A mon retour de l'enterrement, ditelle, je me rendis directement au Noviciat. La Sœur portière monte à la chambre de notre Révérende Mère et lui annonce mon arrivée et en même temps

la visite d'un personnage important. « En-
« voyez-moi la Sœur, dit notre bonne Mère ;
« elle a du chagrin ; je veux la voir de
« suite. Priez M. X. de m'attendre quel-
« ques instants. » Quand je fus dans sa
chambre, elle me reçut les bras ouverts
en me disant : « Venez, mon enfant,
« embrassez-moi. » Puis elle m'adressa des
paroles si consolantes qu'elles furent un
baume à ma douleur ; je sentis que j'avais
encore une Mère ici-bas. »

La foi, qui lui montrait en ses religieuses des épouses du Christ, lui inspirait pour chacune d'elles une estime qui
touchait à la vénération ; elle ne voulait
voir que leur dignité, les grâces que leur
faisait Notre Seigneur, le haut point de
perfection où il désirait les amener. Ne
connaissant pas le mal, elle ne pouvait
l'admettre dans les autres ; on peut dire
d'elle ce que l'on a dit de sainte Thérèse,
qu'en sa présence, il ne fallait pas par-

ler de ses Filles en mauvaise part ; elle
savait les couvrir du manteau de la charité. Souffrantes, infirmes, vieillies avant
le temps dans les labeurs de l'enseignement ou dans les miasmes des hôpitaux,
sa tendresse soucieuse et compatissante
veillait sur ces invalides de la charité et
leur assurait un refuge. Outre les établissements scolaires dont nous avons parlé,
la Révérende Mère a élevé pendant son
généralat des constructions importantes.
Elle a fait édifier à l'hospice Sainte-Ma-
deleine le corps de bâtiment appelé le
château, à celui de Saint-Georges une
chapelle parfaitement appropriée aux besoins de la Maison. Au Noviciat, elle a
construit un immense bâtiment avec de
beaux cloîtres pour la Communauté, un
autre pour la boulangerie, et, peu de temps
avant sa mort, une annexe au premier
pensionnat. Elle aurait voulu encore réparer l'église elle-même, en prolongeant le

chœur et en faisant les chapelles latéra-
les, et c'est le seul regret que lui ait
laissé la mort. Mais sa première pensée
avait été d'améliorer le sort des Sœurs
admises à la retraite ; il n'y avait pas
plus d'un an qu'elle était Supérieure, que
déjà des travaux considérables se faisaient à Jasseron ; la Maison était agran-
die, des cloîtres non moins beaux que
commodes y étaient adaptés, et il s'y
construisait une fort jolie chapelle, où les
chères infirmes maintenant n'ont que du
charme à venir prier. Ainsi elle était heureuse de travailler dès le premier instant
au soulagement de celles de ses filles que
la souffrance éprouvait : en un mot, elle
était Mère.

Mais si ce nom, le plus beau qu'il y
ait dans la langue sacrée de la famille,
ne signifiait que bonté d'âme et tendresse, il caractériserait mal le gouvernement de la Révérende Mère du Cœur de

Marie, cette royauté, non pas seulement des cœurs, mais des âmes, dont, pendant près de vingt ans, elle porta le sceptre d'une main aussi ferme et aussi sage qu'elle était douce. L'exercice de l'autorité, si bénigne qu'elle soit, grâce à la nature et à la foi de celui qui la détient, ne va jamais sans une certaine vigueur, destinée à soutenir des courages chancelants, et parfois à tenir en échec des passions imparfaitement soumises. La Révérende Mère s'en tenait aux constitutions de Saint-Joseph, elle s'inspirait toujours de l'esprit de la Règle pour la direction à donner à ses Filles spirituelles, heureuse de les mener par ces sentiers battus de l'obéissance religieuse, qui, pour être journellement foulés par des pas humbles et pieux, n'en sont pas moins dignes de nos respects, puisqu'on y trouve à chaque instant les traces adorables de Jésus, victime d'obéissance, de douleur et d'amour. Elle avait pour se guider un admirable recueil de prescriptions et de conseils également sages, une Règle que Notre Seigneur a visiblement bénie, puisqu'il a multiplié tout à la fois, et les âmes qui sont venues demander à l'observance de ses statuts la perfection dont elles sont altérées, et le charme des vertus qu'elle voit partout fleurir. La Règle, cette religieuse exemplaire la savait par cœur, et elle la citait si souvent et avec tant d'à propos, elle s'oubliait et s'effaçait si bien elle-même en tout ce qu'elle disait, qu'il semblait à tous que c'était la Règle qui parlait. Lorsqu'on lui demandait une permission qui tendît à s'en écarter, si peu que ce fût, elle répondait avec son bon sourire : « Vous savez ce qu'en dit la Règle?... » Et elle citait le passage en question, et elle concluait toujours en faveur soit de la Règle elle-même, soit des pieux usages de la Congrégation auxquels elle n'était pas moins attachée. Avait-elle une observation à faire, elle vous ramenait encore à la Règle. « Mon Enfant, disait-elle, lisez tel ou tel passage, et, en général, prenez l'habitude d'en lire un chapitre par jour; notez les points sur lesquels vous vous trouvez en défaut, et travaillez à vous corriger avec la grâce de Dieu. »

La fidélité à la Règle, c'était le sujet le plus fréquent de ses entretiens et de ses instructions. « En promenant mes regards sur l'ensemble de la Congrégation, écrit-elle à ses Filles dans l'*Ordo* de 1885, en pénétrant par l'esprit et le cœur dans chacune de vos communautés, j'ai constaté que le mur de défense qui nous protège contre les attaques de l'ennemi paraissait quelque peu faiblir sur certains points. Assurément, l'ennemi ne l'a pas encore fait tomber, mais je crains qu'envahie de plus en plus par

les difficultés et les complications, votre
vigilance, sous ce rapport, ne soit pas
assez bien en éveil et que nous n'ayons
à déplorer plus tard de regrettables
atteintes. Ce mur, vous le connaissez
aussi bien que moi, mes chères Sœurs;
le mur qui protège nos vœux et tout
l'édifice de notre vie religieuse, ce sont
nos saintes Règles... Ainsi que le dit un
pieux auteur, soyez-en bien convaincues
devant Dieu; pour arriver à la perfection
de notre état, l'exacte observation de
nos Règles est, tout à la fois, la voie la
plus sûre, la voie la plus courte, la voie
la plus sublime et la plus relevée. »
Puis, rappelant à ses religieuses des
exemples qui leur étaient chers, et faisant de la Révérende Mère Saint-Placide
un éloge qui faisait penser à la Fille non
moins qu'à la Mère, elle les engageait à
lire sa vie. « Vous y verrez, à peu près
dans chacune de ses notes de retraite,

la résolution de pratiquer la Règle. Et quel soin n'a-t-elle pas mis à exécuter ce qu'elle a résolu si souvent! Vous, mes chères Sœurs, qui avez eu le bonheur de la voir à l'œuvre, vous savez qu'il n'aurait pas été possible de pousser plus loin la régularité. Dites-le souvent à celles qui sont venues dans la Congrégation, alors que cette Mère bien-aimée n'y était plus, afin que ces traditions les animent à suivre la même voie. Mère Saint-Placide parut s'être constituée l'Ange de la Règle. J'oserais dire qu'elle l'est encore... Mais pourquoi n'y aurait-il pas, dans chacun de nos établissements, un ange gardien de la Règle et de nos saints usages? C'est à la Supérieure que ce soin incombe, certainement; mais parmi les inférieures elles-mêmes pourrait se choisir au besoin cet ange gardien; et il me semble que cette mission exercée en toute humilité et charité ne serait pas stérile. L'essentiel, pour nous, est de consolider notre mur de défense, afin que nous puissions non seulement y trouver un abri pour notre faiblesse, mais encore une force divine pour combattre le bon combat du Seigneur. Oh ! mes chères Sœurs, combien je serai tranquille à votre sujet, lorsque je vous saurai ainsi défendues et fortifiées par la fidélité à nos saintes Règles ! Viennent les orages, les tempêtes mêmes : la Règle, c'est-à-dire Dieu et le devoir étant le seul mobile de votre conduite, que pourrais-je craindre pour vous et pour la Congrégation tout entière ? Rien. »

Pour que ses filles gardassent à la Règle cette inviolable fidélité, il fallait d'abord qu'elles en eussent l'esprit et le cœur pénétrés, et la Révérende Mère ne négligeait rien pour que tout le monde à Saint-Joseph connût les Constitutions et sût les apprécier. Elle aimait à en expliquer les articles et elle le faisait avec une onction et une chaleur communicative qui impressionnait vivement son auditoire.

Souvent aussi elle faisait lire le texte et questionnait ensuite pour se rendre compte de l'attention avec laquelle on écoutait. Un jour, dans une conférence à quelques maîtresses de classe, après la lecture du chapitre des *Religieuses Institutrices*, elle interrogea une jeune novice : « Qu'avez-vous remarqué, ma Sœur, dans tel paragraphe ? » Celle-ci n'en avait pas retenu un seul mot. Vainement la Révérende Mère essaya de lui venir en aide, il fallut qu'elle récitât elle - même la phrase demandée : *Les Sœurs Institutrices se rappelleront souvent la présence de Dieu, afin de ne pas perdre l'esprit intérieur au milieu de leurs occupations.* Ce fut là toute sa réprimande ; mais la novice profita de la leçon, et elle ne fut pas la seule.

Une infraction à la Règle était peut-être la seule chose qui pût émouvoir la Supérieure Générale. Il n'y avait pas un an qu'elle exerçait ses fonctions ; c'était la veille de la distribution des Prix au pensionnat, et, la joie du jour aidant, il régnait une certaine dissipation à la Maison. Au réfectoire, pendant le déjeûner, quelques religieuses chuchotaient. Tout à coup, Mère du Cœur prit la parole : « Mes Sœurs, si la Règle vous donne la permission de causer, nous allons toutes parler ensemble ; mais si vous n'avez pas cette permission, il faut vous résigner à garder le silence. » Ce petit discours arrêta net tous les compliments, et dans la suite on n'eut garde de dire un seul mot, la Révérende Mère étant là.

Le plus souvent, lorsqu'elle avait un avertissement à donner pour une faute commise, elle le faisait avec une discrétion aimable et douce qui ne blessait pas les coupables et qui doublait la force de la leçon. Une Sœur, dont l'humeur difficile était une occasion perpétuelle d'actes de patience pour sa Supérieure et ses compagnes, se plaignait un jour auprès de la Révérende Mère de toutes les personnes à qui elle avait affaire. « C'est bien, ma fille, lui fut-il répondu, je vais vous donner une image, et vous mettrez en pratique la devise que vous y trouverez. » Et un instant après, la Sœur recevait son image, où elle lisait ces mots aussi sages qu'instructifs pour elle : « Appliquez-vous à souffrir de la part de tout le monde, s'il le faut, et à ne faire souffrir personne. »

Mais parfois aussi Mère du Cœur de Marie savait s'armer de rigueur et sévir à l'occasion. Une prétendante avait résisté ouvertement à une Sœur qui lui demandait un acte d'obéissance. La Révérende Mère, informée du fait quinze jours plus tard, se plaignit que l'on eût attendu si longtemps pour la prévenir. Dans le cours de la semaine suivante, elle vint présider les examens, et, comme on interrogeait sur le Nouveau Testament, la prétendante eut à répondre sur le recouvrement de Jésus au Temple ; elle fut obligée de citer l'expression par laquelle l'Evangile résume la vie du Sauveur jusqu'à trente ans, *Il leur était soumis.* Et alors prenant la parole, la Révérende Mère dit à la coupable : « L'on ne pourrait en dire autant de vous, Mademoiselle ; car vous avez fait un acte indigne d'une personne qui prétend être religieuse. Si j'en avais été avertie le jour même, vous n'auriez point passé la nuit à la Maison ; et nous allons voir maintenant ce que nous avons à faire. » La jeune fille eut beau solliciter son pardon, il était trop tard; la Révérende Mère fut inflexible.

Du reste, rien n'échappait à son œil vigilant. Pendant la retraite de septembre 1886, toutes les retraitantes étant à déjeûner au réfectoire, la Supérieure s'aperçut que l'une d'elles était absente; les rangs étaient cependant bien pressés; mais le regard maternel avait remarqué la place inoccupée. Dans la journée, rencontrant la Sœur qu'elle n'avait pas vue le matin : « Etes-vous malade, lui dit-elle? Je ne vous ai pas aperçue à déjeûner, et j'ai fait prendre de vos nouvelles à l'infirmerie; j'étais inquiète à votre sujet. »

Si nombreuses que fussent les Sœurs du Noviciat, aucune n'échappait à la tendre sollicitude de la Révérende Mère; elle connaissait la place de chacune à l'église, au réfectoire, et se rendait compte des moindres absences. Lorsque le calendrier ramenait la fête de l'une d'entre elles, la bonne Mère faisait naître l'occasion de la voir, lui disait un mot affectueux, offrait pour elle la sainte communion, et, dans la journée, elle avait l'attention toute maternelle de lui faire donner une petite gâterie.

Ces détails n'ont par eux-mêmes qu'une importance minime, ce sont des riens; mais dans ces riens, il y a du cœur, l'odeur du bien et son charme communicatif. On nous pardonnera de nous y être attardé.

La sagesse de la Révérende Mère du Cœur de Marie était faite de cette bonté et de cette vigilance dont nous avons parlé. Dieu lui avait donné, à un degré rare, le discernement des esprits et cette intelligence des choses intimes qu'Il se plaît à départir plus généreusement aux mères et aux directeurs des âmes. Quand il s'agissait de vocation surtout, je ne sais quel sens particulier l'avertissait, et prévenait toute erreur. « Tant que je vivrai, nous disait une Sœur, je ne pourrai oublier ce que je dois à la bonté de notre Révérende Mère. Sans elle, je ne serais pas dans la Congrégation de Saint-Joseph. » Et, en effet, il avait été question plusieurs fois de renvoyer cette Sœur, à laquelle on ne trouvait pas les qualités nécessaires pour être reçue définitivement. Mais la Supérieure Générale, avec son tact exquis et les intuitions de son cœur maternel, avait su discerner, à travers quelques défauts qui s'atténueraient et disparaîtraient à la longue, le fonds d'une bonne et riche nature. « Laissez faire le temps et la grâce du bon Dieu, disait-elle, nous viendrons à bout de ces travers de caractère; cette enfant a du cœur et de la volonté; son dévouement me plaît; je la garde. » Et un jour que la pauvre Sœur toute désolée attendait sa sentence, elle la fit venir dans sa chambre, lui ouvrit ses bras, la pressa sur son cœur, la garda longtemps auprès d'elle et la renvoya joyeuse et disposée aux plus généreux efforts et aux plus grands sacrifices, pour rester près d'une si bonne Mère, dans la famille de Saint-Joseph. Elle a tenu parole et c'est actuellement une excellente religieuse.

Il n'est peut-être pas une des Sœurs qui ont approché la Révérende Mère, même une seule fois, qui n'ait remarqué ce don tout particulier de pénétration et de sagesse. « Comme elle comprenait bien mon caractère! disent-elles toutes ; elle obtenait tout de moi. » « Plus d'une fois, écrit l'une d'entre elles, je l'ai crue inspirée, tant était bien approprié le conseil donné ! » C'est qu'en effet, outre les lumières naturelles de son esprit, elle recevait en abondance, au milieu des difficultés de chaque jour, cette assistance divine qu'on appelle la grâce d'état. Sa grande ressource était la prière. Quand survenait quelque ennui, elle disait : Prions d'abord et faisons prier, vous verrez que tout ira bien. Ainsi saint Vincent de Paul élevait les yeux au ciel et invoquait le Saint-Esprit chaque fois qu'il avait une décision à donner.

Cette pratique des Saints, la Révérende Mère y avait spécialement recours, lorsqu'elle avait à pourvoir à un poste difficile. Souvent alors elle rencontrait dans la religieuse qu'elle choisissait les hésitations et les appréhensions de l'humilité. « Eh bien ! lui disait-elle, puisque la responsabilité vous effraie, c'est la Sainte-Vierge que je nomme Supérieure de votre communauté. Adressez-vous toujours à Elle dans vos peines ; consultez-la et obéissez-lui. Si vous lui êtes fidèle, je suis sûre que tout ira bien. »

En Supérieure consciencieuse et humble, Mère du Cœur s'éclairait toujours de l'avis de son conseil, et quelquefois devant un sentiment unanime elle renonçait à sa manière de voir. « Si cela va mieux ainsi, disait-elle simplement, mettons les choses ainsi. » Il était rare que les événements ne lui donnassent pas raison, et que l'on ne fût pas obligé de revenir sur la décision prise.

Les personnes qui ont l'habitude de descendre dans le détail et qui ne craignent pas de tout voir par elles-mêmes sont exposées à perdre de vue l'ensemble; il arrive à quelques-uns que leur esprit se noie dans un flot de préoccupations particulières, et que leur cœur, embarrassé à travers le dédale de leurs affections, ne sait se porter à une résolution vigoureuse. Mère du Cœur de Marie, malgré toutes ses sollicitudes, n'avait garde de se laisser absorber par les mille incidents de la vie journalière. Dominée par un principe, le maintien strict de la Règle et de l'esprit de Saint-Joseph, animée par un sentiment qui primait tous les autres, l'amour de sa chère famille religieuse, elle avait cet œil simple, qui sait découvrir la voie à suivre au milieu des difficultés de chaque instant. En face d'une affaire de quelque importance, nous l'avons dit, elle réfléchissait, elle priait et bientôt la décision était donnée, claire, précise, et empreinte d'un cachet de droiture qui la faisait accepter sans examen.

Du reste, n'étant jamais prise au dépourvu, parce qu'elle prévoyait tout, elle avait cet esprit d'ordre qui contribue si fort au recueillement et à la régularité. Avant les retraites, notamment, tout était réglé d'avance, et elle voulait que chacune prît ses mesures pour n'avoir pas à parler dans les emplois pendant ces jours de grand silence. Le moindre écart sous ce rapport lui causait une peine sensible.

Elle ne prisait pas moins l'exactitude, et quand allait sonner l'heure d'une réunion qu'elle dût présider, si elle était en affaires, elle brusquait la clôture de l'entretion et prenait congé en disant à son interlocuteur : « Excusez-moi, je ne puis faire attendre la Communauté. » Et s'il arrivait qu'on l'eût attendue, ne fût-ce qu'une minute ou deux, elle en adressait tout haut ses excuses à la réunion.

Et avec des sentiments si humbles, quelle dignité dans la tenue, dans les exhortations et les conférences qu'elle faisait! On sentait qu'elle était vraiment pénétrée de la grandeur de sa mission de Mère et des pensées de la foi qu'elle devait développer devant ses filles. Parfois, à certaines circonstances plus solennelles ou plus touchantes, par exemple à la veille d'une vêture ou d'une profession, le ton s'attendrissait et prenait je ne sais quelle simplicité affectueuse qui allait à l'âme. Nous avons quelques lambeaux d'une de ces conférences, précieuse épave sauvée de l'oubli par la piété d'une jeune novice qui, au sortir de l'entretien, jeta à la hâte quelques notes sur le papier.

C'était le 9 mai 1886. La Révérende Mère était bien souffrante, et les jeunes Sœurs qui l'écoutaient, au seuil même de leur vie religieuse, recueillaient ses paroles comme les dernières recommandations d'une Mère. Et c'est à ce titre encore que toutes les filles de Saint-Joseph aimeront à relire cette conférence, si incomplète qu'elle soit.

« Allons, mes enfants, c'est le petit nombre des élus, mais nous ne tenons pas au grand nombre, pourvu qu'il y ait la qualité. Je crois que vous êtes neuf qui prenez le saint habit, ce sera les neuf Chœurs des Anges ; chacune de vous, mes Enfants, vous en prendrez un

pour protecteur, et vous lui demanderez
tous les jours de prier le bon Dieu de
vous accorder la persévérance dans votre
chère vocation. Et vous, mes Sœurs,
vous êtes quinze qui allez faire la sainte
profession. Ce sera les quinze mystères
du rosaire, vous prendrez pour protec-
trice la Très Sainte-Vierge, vous lui
demanderez qu'elle vous obtienne de son
Divin Fils la grâce d'être toujours fidèles
aux engagements que vous allez prendre.

« Je réponds de cette cérémonie, jamais je n'ai été si rassurée; je ne sais ce
qui me dit que pas une ne désertera, pas
une ne trahira, mais que toutes seront
fidèles. Je n'ai jamais donné d'images en
pareille circonstance, mais je veux vous
en donner à chacune; ce sera, non un
souvenir de cérémonie, mais un souvenir
de retraite; c'est une pratique, chacune y
fera attention.

« Dans les moments difficiles, car il

faut bien vous le dire, mes enfants, il s'en trouve dans la vie religieuse, dans ces moments de peines, recourez à Dieu, à la Très Sainte-Vierge, et à notre bon Père saint Joseph. Allez souvent vous jeter dans le divin Cœur de Jésus. Si vous avez quelques ennuis, si vous êtes dans le découragement, soit à cause de votre emploi ou pour autre chose, ouvrez-vous à votre Supérieure, ne gardez jamais rien pour vous. Soyez fidèles à vos exercices religieux, à notre sainte Règle, apportez un soin tout particulier à l'examen et à la méditation. En un mot, mes enfants, faites votre devoir. Dites souvent à Notre Seigneur : Mon Dieu, prenez la clef de mon cœur. Lisez souvent ce chapitre de l'*Imitation* : *Des quatre grandes choses qui procurent la paix.*

« Je veux encore vous demander quelque chose, c'est que tous les jours de votre vie vous fassiez un petit sacrifice.

« Je vais vous laisser, mes enfants, soyez bien recueillies. Surtout que pas une ne manque à l'appel ; nous nous reverrons toutes au ciel !

« En sortant d'ici, vous irez à la chapelle, vous direz un *Pater* et un *Ave* en l'honneur de la Sainte-Famille, Jésus, Marie, Joseph, pour vous mettre sous leur protection, et selon mes intentions.

« Allons, au revoir, mes enfants, au revoir. »

Voilà quel était son langage : simple, ferme et bon. Avec un cœur pareil, elle attirait et captivait tout, et si chaque religieuse de Saint-Joseph, au milieu des épreuves et des peines, dont une vie de charité ne dispense pas, aimait tant à revenir, soit effectivement, soit par la pensée, à cette Maison du Noviciat qui est devenue pour toutes comme la terre de leur âme et le berceau de leur vie religieuse, c'est qu'elle voyait toujours, auprès de ce berceau, un visage de Mère qui continuait à lui sourire, à travers le lointain des années et de l'espace. Partout où il y avait une pauvre petite Sœur de Saint-Joseph, travaillant obscurément à la formation des enfants ou au soulagement des malheureux, il y avait le regard de cette mère, la pensée de son cœur, couvrant sa fille de ses tendresses et de ses bénédictions. Celles d'Amérique se sentaient aussi près de son cœur que celles de la Maison-Mère. « Nous sommes unies par la sainte Règle, écrivait-elle à la Nouvelle-Orléans, » et elle disait bien vrai ; mais avec la Règle, ce qui, de toutes ces chères âmes dispersées à travers la France entière et jusque dans le Nouveau-Monde, faisait une seule et grande famille, c'était la charité mise par Dieu au cœur de la Mère, et qui, de ce centre et de ce foyer d'affec-

tion, se répandait sur les plus humbles
et les plus ignorées de ses enfants. Quant
à elle, désireuse de s'effacer, elle repor-
tait sur la Congrégation les sentiments
qu'elle faisait naître. Voici encore le ca-
nevas d'une conférence retrouvé au *verso*
d'un petit carré de papier, dont le *recto*
avait déjà servi. Nous le donnons dans
la forme originelle que lui a laissée l'auteur, et comme sortant des entrailles de
sa charité. Tous les mots portent et sont
dignes d'être médités.

« Nous devons toutes aimer notre Congrégation, l'honorer et nous efforcer de
lui être utiles. Ce sont pour nous des
obligations sacrées qui doivent nous être
bien chères.

« La Congrégation nous a reçues dans
son sein, la justice et la reconnaissance
nous imposent le devoir de la servir et
de lui faire honneur.

« Pour nous acquitter de ces obligations :

« Tenir une conduite vraiment religieuse et constamment édifiante,

« Estimer tout ce qui est dans la Congrégation, usages, Sœurs, pratiques,

« Aider à maintenir les observances régulières,

« Prêter un généreux concours à nos Supérieures,

« Veiller sur nous et n'exercer aucune influence que pour la régularité. »

Les Sœurs qui vivaient sous la direction d'une Mère si sage et si bonne savaient apprécier le don de Dieu, et les liens de la famille religieuse étaient étroitement resserrés.

Ajoutons, pour terminer, que la charité avait établi ou conservé de saintes relations entre la Révérende Mère du Cœur de Marie et les Supérieures générales des autres Congrégations de Saint-

Joseph. Quand il en venait quelqu'une au Noviciat, c'était pour celle de Bourg une allégresse qu'elle était heureuse de faire partager à toutes ses Sœurs. On priait ensemble, on s'exhortait mutuellement à aimer Dieu davantage et à s'attacher de plus en plus à la sainte Règle. Puis le soir venu, il s'improvisait, en l'honneur des vénérables visiteuses, une récréation que l'on cherchait à rendre agréable, tout en lui conservant le cachet de la gravité religieuse. La Révérende Mère, heureuse du bonheur de ses filles, encourageait tout de son bon sourire.

C'était une halte dans la joie, et une fête où l'on reprenait une ardeur nouvelle pour les labeurs du lendemain.

CHAPITRE VII

LA RELIGIEUSE

Une remarque vient naturellement à l'esprit, à la lecture
de ces pages. Voici une âme
d'élite, une personne en qui se réunissent
au plus haut degré des qualités et des
vertus peu communes, et qui, dans des
circonstances difficiles, a rempli à la perfection, pendant près de vingt ans, l'importante mission que Dieu avait remise
entre ses mains. Et cependant, si on
examine cette vie au point de vue extérieur, on y trouve peu d'éclat et de relief,

je ne sais quoi de fuyant et qui se perd
dans la pénombre, une personnalité qui
s'efface obstinément. Pourquoi ? C'est le
mystère et le charme de l'humilité religieuse. Elle cache les plus belles fleurs
et n'en laisse échapper qu'un vague et
doux parfum.

« Après moi, on ne trouvera rien »,
aimait à dire la Révérende Mère du Cœur.
Elle a trop bien tenu parole ; tous les
papiers qui ont pu recevoir un jour ou
l'autre sa pensée, ont été par elle jetés
au feu, sauf quelques fragments qu'elle a
oubliés ; et si elle avait pu aussi bien
effacer le souvenir de ses vertus, elle
l'aurait fait avec la même résolution froide
et humble ; mais le cœur de ses filles
est là pour le rétablir et reconstituer, à
l'aide de mille notes éparses, le portrait
de cette Mère bien-aimée, à défaut de
celui qu'une modestie trop inflexible n'a
jamais permis d'esquisser.

Malgré tous les voiles dont sa vertu délicate a pris soin de s'envelopper, il nous est donné, grâce à ces souvenirs de la tendresse filiale, de pénétrer jusqu'à son intérieur. Et ne pouvons-nous pas dire que nous l'avons déjà fait dans les chapitres précédents ? N'avons-nous pas touché déjà à ce fond de l'âme, à ce sanctuaire intime tout illuminé de grâce et de charité, et dont on n'approche qu'avec respect ? Qu'il nous soit permis d'y jeter un dernier regard et de voir encore une fois ces trésors cachés de la vie religieuse dont le monde ne sait pas le prix !

La Révérende Mère du Cœur de Marie aurait voulu être ignorée, vivre dans le silence et l'obscurité, et elle était condamnée à se mettre en vue pour diriger et commander. Mais il n'est pas de situation, si élevée qu'elle soit, où une âme sincèrement chrétienne ne puisse trouver, dans la pratique de l'humilité, une compensation aux abaissements qu'elle aurait désirés. Mère du Cœur ne perdait pas une occasion de s'humilier, et, sa délicatesse de conscience aidant, ces occasions se rencontraient souvent. Avait-elle parlé sur un ton un peu ému, avait-elle élevé la voix, en faisant un reproche, elle craignait d'avoir mal édifié les personnes auxquelles elle s'était adressée, et immédiatement elle leur en demandait pardon. Un jour, elle avait parlé vivement à une Sœur qui, d'ailleurs, était en faute. Une fois la Sœur partie, elle s'en repentit immédiatement, et ne voulut pas aller prendre son repos sans lui avoir fait des excuses. Sur le soir, elle demanda qu'on l'envoyât dans sa chambre ; la pauvre Sœur trembla bien un peu quand on lui apprit que la Révérende Mère l'appelait auprès d'elle ; mais elle fut vite rassurée. « Ma Sœur, lui dit la Mère, j'ai été trop vive à votre égard ce matin. Bien que j'eusse raison de vous gronder, j'aurais dû vous parler avec plus de douceur. Vous me pardonnez, n'est-ce pas ? la peine que je vous ai faite ? » Et la petite allocution se termina par le baiser de paix.

Elle aimait à parler de l'humilité. Voici quelques pensées que l'on a retenues :

« Ce qui fait que souvent nous sommes sèches devant Dieu, que nous n'avons rien à lui dire, c'est que nous n'avons pas été généreuses, nous n'avons pas su nous humilier. »

« Plus on se connaît, plus on se rapproche de Dieu, et on travaille à se défaire de ce qui lui déplaît. »

« Il faut jeter à droite et à gauche les pensées de trouble suggérées par l'orgueil et aller droit devant soi, c'est-à-dire à Dieu, par l'amour et l'humilité. Si l'on est fidèle, peu à peu la lumière se fait, toutes ces misères paraissent ce qu'elles sont, des riens ; et l'âme trouve la paix. »

« Si nous avions de l'humilité, nous aurions beaucoup moins de défauts. »

« *Huit béatitudes.* — Etre humiliée ; être contrariée ; être refusée ; être réprimandée ; être punie ; être oubliée ; être partout la dernière ; être abandonnée. »

Certes, ces béatitudes de l'humilité chrétienne ne sauraient plaire à la nature ; mais la grâce corrige tout ; et qui veut ressembler à Jésus finit par les aimer.

Habile à discerner les petites recherches, les subtilités de l'amour-propre, elle avait comme le flair et le sens de l'humilité, mais elle savait que le meilleur remède contre l'orgueil, c'est la simplicité et la droiture avec Dieu. « Il faut, disait-elle, faire son possible pour contenter Dieu et la conscience, éloigner les retours d'amour-propre, et puis demeu-

rer tranquille, quand même les créatures
ne sont pas contentes ou nous jugent
défavorablement : c'est une excellente
occasion de pratiquer l'humilité. »

Sans doute, à ne voir que la sainteté
de Dieu, l'âme se jetterait dans un abime ;
mais la miséricorde divine la rassure, et
la piété chrétienne, le sentiment qui fait
le plus d'honneur au cœur humain, puisqu'il le rapproche de Dieu, est un heureux mélange de confiance et d'humilité.

Grâce à des notes de retraite, échap-
pées sans doute aux recherches de la
Révérende Mère, nous pouvons pénétrer
au plus profond de son cœur ; ce sont
de simples fragments que nous donnons
dans leur intégrité : on y verra combien
sa piété était à la fois généreuse et naïve.

Deuxième jour : Jour d'attention. —
Me voici, ô mon Dieu, à la fin de ma
deuxième journée de retraite ; je m'y suis

assez bien trouvée, mais je ne suis pas assez rentrée en moi-même, j'ai encore regardé par les fenêtres de ma pauvre âme, afin de n'avoir pas peur de moi, afin d'éviter la honte que mes péchés me causent. Oh! lâche que je suis!.. Je vous en demande pardon, ô mon Dieu, et je vous prie très humblement de venir à mon aide en tout temps, mais surtout demain, où je dois me présenter à votre ministre pour lui faire voir tous les replis de mon âme. Oh! aidez-moi, mon Dieu, je vous en supplie; faites que je développe bien tous les plis et replis de ma pauvre âme, afin que je sorte du saint tribunal aussi blanche, aussi purifiée qu'après mon baptême. Inspirez-moi tout ce que je dois dire, mais rien que ce que je dois dire. Inspirez aussi à votre représentant de dire tout ce qui m'est nécessaire pour le salut de mon âme. Il m'a dit hier qu'il était assez au

courant de mon âme, qu'il n'était pas
à propos d'entrer dans tous les détails.
Faites, ô mon Dieu, que je lui obéisse.
Parlez, Seigneur, votre servante vous
écoute.

*Troisième jour : Jour de contrition
et de confiance.* — J'ai donc été trouver
mon guide spirituel, et je ne suis entrée
dans aucun détail, ainsi qu'il me l'avait
recommandé Il m'a donné pour résolution
d'être fidèle à bien faire mon oraison, à
la faire avec fruit ; pour cela, la préparer. Pour pratique, veiller sur mon cœur,
afin de ne jamais agir par passion, mais
avec bonté, douceur, charité. Et toutes
les fois que j'aurais manqué à ma résolution ou à ma pratique, m'imposer quelque pénitence, comme un *Pater* ou un
Ave, une petite mortification.

« Je suis le Seigneur qui fortifie au

jour de l'affliction. Venez à moi lorsque vous serez dans la peine. »

« O mon Dieu, que ces paroles me font du bien ! J'espère en ressentir les effets pendant cette retraite que je trouve on ne peut plus douce et, tout à l'heure, je retournerai aux pieds de votre ministre, m'y prosternant comme la Madeleine à vos pieds. Faites que j'y retrouve, comme elle, le pardon de mes péchés, et que je puisse entendre les mêmes paroles que vous lui dites : *Beaucoup de péchés vous sont remis, parce que vous avez beaucoup aimé.* »

Quatrième jour : Jour de bonheur. — Me voici, ô mon Dieu, presque à la fin de mon quatrième jour de retraite. J'ai été heureuse pendant cette retraite; le temps en est vraiment court, mais je veux faire en sorte qu'elle porte ses fruits. Aidez-moi, mon bon Ange gardien, saint Joseph, mon excellent Père, sainte Vierge Marie, ma Mère bien-aimée, aidez-moi à garder ma Règle, à être fidèle à mes résolutions, qui ne sont autres que celles de mon confesseur, sauf que j'ajouterai à la pratique, en l'étendant autant que possible. Par exemple, je ferai en sorte de n'avoir avec mes Sœurs que des procédés pleins de charité, de douceur, de bonté; d'être vigilante, afin de prévenir le mal et par conséquent d'éviter les reproches à faire. Puis comme pratique à moi, je m'efforcerai de marcher toujours en la présence de Dieu, afin de ne l'offenser jamais de propos délibéré, et je répèterai souvent cette parole : « Seigneur, faites que je ne m'éloigne jamais de votre présence et que je ne pense, ne dise, ne fasse rien qui puisse vous déplaire. »

On saisit ici sur le vif cette piété à la fois vaillante et naïve, qui aime Dieu et s'ouvre à Lui pleinement, mais qui agit. Elle pénètre le fond de l'âme, et de là se répand sur toute la vie pour la sanctifier et la donner à Jésus.

Du reste, cette piété était expansive et joyeuse. La Révérende Mère aimait les fêtes pleines de charme et d'entrain, les images, les cantiques, les guirlandes et les fleurs aux pieds de la Madone, et tout ce symbolisme gracieux dont s'était éprise sa pieuse enfance. Elle ne pouvait passer devant la statue de la Sainte-Vierge, sans la regarder avec amour et sans lui faire une respectueuse inclination. « Je vous salue, ma Mère, disait-elle avec saint Alphonse de Liguori; et elle a raconté qu'il lui semblait qu'il lui était répondu, comme à ce Bienheureux : « Je te salue, ma fille. » Aux fêtes de Marie, sa figure, habituellement si bonne, était toute rayonnante de joie. Et quand la journée, après s'être passée au milieu

de cérémonies saintes et touchantes, était
arrivée à sa fin, Mère du Cœur se plaisait encore à faire à ses filles une dernière
surprise. En entrant dans la salle commune pour prendre leur récréation, elles
la voyaient inondée de lumière, et, au
milieu, sur un trône de verdure, la statue
de Notre-Dame de Lourdes qui souriait
à ses enfants. On entonnait un cantique,
on organisait une procession, la Révérende Mère y prenait part; puis elle
s'arrêtait pour prier à haute voix. Son
visage avait alors quelque chose de céleste, c'était comme un reflet du paradis,
un rayon de gloire et de bonheur tombé
du front de la Reine des cieux sur sa fille
bien-aimée. Et ces fêtes de famille, dont
la piété faisait tout le charme, laissaient
à chaque religieuse un délicieux souvenir.

Sa prière était simple et fervente,
c'était la vraie prière chrétienne, car,
sous mille formes, elle demandait à Dieu

que son règne arrivât; et, ses désirs, ses craintes, ses espérances, en un mot, toutes les forces vives de son cœur et de sa pensée aboutissaient à sa prière. Voici encore, sur une feuille volante et égarée, quelques lignes d'elle, qui semblent avoir été écrites à la suite de notes de retraite. On y retrouve toujours le même accent de foi et de généreux amour.

« Je mets toutes mes résolutions dans votre divin Cœur, ô Jésus, et je m'y place aussi avec ma bien-aimée Mère, Marie, mon excellent Père, saint Joseph, et mon très bon Ange gardien. Faites que je n'en sorte jamais, ô mon Jésus, et qu'en un lieu si saint je puisse vous aimer et vous faire aimer le plus possible. Faites que je sois un sujet de bon exemple pour mes Sœurs et pour toutes les personnes avec lesquelles j'aurai des rapports. Faites aussi que je puisse faire

quelque bien dans ma chère Congrégation. Envoyez-nous de bons sujets, ô mon
Jésus, afin que dans la Congrégation de
votre Père adoptif, vous soyez aimé,
béni, loué, glorifié par toutes ses filles
et surtout par celle qui en est la Mère
et qui est votre toute petite servante,
qui désire être toute vôtre pour le temps
et pour l'éternité. Ainsi soit-il. »

Toutes les dévotions avaient accès dans
ce cœur si profondément chrétien ; mais,
ainsi qu'on le voit par cette prière, la
dévotion au Sacré Cœur de Jésus y tenait
une place de choix. N'est-ce pas là un
sentiment nécessaire pour toute âme qui
veut vivre du pur esprit de l'Eglise et
participer à ses affections et à ses prières ?
Aussi, dans sa lettre circulaire de 1883,
la Révérende Mère crut-elle devoir engager les Sœurs de Saint-Joseph à s'en-
rôler dans la Garde d'honneur du Sacré

Cœur et à suivre les exercices de la pieuse Archiconfrérie.

« Les dangers se multipliant sous nos pas, leur disait-elle, nous avons besoin de nous réfugier en un lieu sûr pour ne pas faillir à nos devoirs et à nos sacrés engagements. Ce lieu de sûreté, mes bien-aimés Sœurs, je ne le trouve pour vous et pour moi que dans le Cœur de Jésus. C'est là, oh! oui, c'est là que nous trouverons, il me semble, la paix, l'abandon à la Providence et la prudence. Non seulement donc nous autorisons, mais nous engageons même fortement chaque établissement à faire ce qui lui est possible pour entrer dans cette nouvelle union de prières et de bonnes œuvres. C'est le meilleur moyen de resserrer encore le lien de charité fraternelle qui nous enlace. Quand il sera fixé dans le Cœur de Jésus, qu'est-ce qui pourra le rompre?... Rien. »

Une âme de cette nature devait aimer la sainte Eucharistie. On n'a pas le cœur si délicat et si fort, si détaché de tout ici-bas et si complètement donné à Dieu, sans entretenir en soi la sève chrétienne par la communion et par l'amour de Jésus-Hostie. Le Tabernacle attirait la Révérende Mère. Se conformant pour la sainte communion aux statuts de la Congrégation, elle multipliait comme à l'infini la communion spirituelle, et elle conseillait à ses Sœurs de la faire plusieurs fois par jour. Quant aux dispositions avec lesquelles il fallait s'approcher de la Sainte Table, elle aimait à dire, dans le langage symbolique qui lui était familier : « Pour la communion, Jésus veut une crèche, la pauvreté ; une croix, la mortification ; un tabernacle, la chasteté, car le tabernacle est blanc ; une coupe d'or, la pureté et l'amour ; et enfin un trône pour régner, l'obéissance. »

Un jour qu'elle offrait une image re-présentant un chérubin qui frappait à la porte du tabernacle : « Ma fille, disait-elle, c'est vous qui serez ce petit enfant. Comme lui, soyez bien humble, bien douce, bien simple. Vous irez tous les jours frapper à la porte du bon Jésus, prisonnier d'amour pour vous. Vous lui demanderez ses deux vertus favorites, la douceur et l'humilité, pour vous et pour vos Sœurs, afin que votre Communauté soit un petit Nazareth. »

Dans ce langage, d'une simplicité si gracieuse, ne reconnaît-on pas l'inno-cence et la limpidité d'une âme d'enfant? C'est le même accent de piété ingénue. Et cependant celle qui parlait ainsi s'es-timait la plus indigne des pécheresses; la pensée de ses fautes la tourmentait, et elle soupirait toujours après la grâce de l'absolution. Sainte Marie-Madeleine était pour elle une patronne chérie et in-

voquée avec amour et confiance, chaque
fois qu'il s'agissait de se confesser. Elle
récitait toujours un *Pater* et un *Ave* en
l'honneur de la Sainte. Puis, bientôt on
la voyait reparaître l'air radieux, et re-
flétant comme une joie céleste. « Qu'a
donc notre Révérende Mère aujourd'hui,
demandait quelqu'un, pour montrer sur
sa figure tant de bonheur? — Elle vient
de se confesser, répondait-on; elle en est
toute transfigurée. »

C'était le bonheur d'être en paix avec
Dieu et de ne pas sentir sur soi le plus
petit grain de la poussière du péché. Nature
éminemment délicate, la Révérende Mère
du Cœur était d'une propreté exquise;
aussi bien au moral qu'au physique, elle
avait l'horreur de ce qui pouvait ressembler à une tache ou à une souillure, et
l'ombre même du mal offensait la pudeur
de sa conscience. On lui avait parlé
d'une religieuse qui avait trop de lais-

ser aller dans son maintien ; le manquement était léger, c'était à peine un peu de mollesse et d'immortification. Mais la Révérende Mère prit la chose plus au vif. « Se tenir ainsi, dit-elle ! Manquer à la modestie religieuse ! Si je le faisais, j'irais immédiatement me confesser. »

Et c'était la même attention scrupuleuse, s'étendant à tous ses devoirs. Tout ce qui tendait à amoindrir l'esprit de simplicité et de pauvreté, elle l'écartait impitoyablement, et, que le monde fût satisfait ou surpris de sa manière de faire, elle se montrait avant tout religieuse ! « Je me plais dans la vie religieuse, écrit-elle quelque part, je m'y délecte, je savoure ma sainte vocation, je sens que je ne suis pas du monde et que je le déteste. » Aussi allait-elle très peu au parloir. « Que je suis heureuse, disait-elle, de ne connaître personne à Bourg ! Je puis rester dans mon petit coin, en dehors des bruits du monde. » Sur la fin de sa vie, elle bénissait encore ses souffrances de la soustraire à la servitude des visites. Et en effet elle ne recevait plus que ses filles spirituelles, les ecclésiastiques et quelquefois les hommes d'affaires, lorsqu'il y avait une question importante à traiter.

La pauvreté que Notre Seigneur attend de ses religieuses et qu'elles lui vouent au jour de leur profession comporte un détachement absolu de soi et de toutes choses. Il faut se dépouiller, non seulement des biens d'ici-bas, mais encore de l'affection à ces mille petits objets sans valeur auxquels on finit par s'attacher, à force de les voir. Ce n'est qu'à celui qui est arrivé à ce dépouillement complet, et qui, dans le fond même de son cœur, a tout aliéné et tout donné, que Jésus fait entendre l'invitation suprême : Viens, suis-moi. *Veni, sequere me.* Heureuse l'existence qui n'est plus entravée par les misérables préoccupations de la terre! Heureuses les maisons d'où *le mien* et *le tien,* ces mots de froideur et de trouble, sont bannis! L'esprit de propriété veille toujours cependant, et on a beau vouloir l'étouffer, il ne meurt qu'avec la nature humaine. Chassé de la grande question des biens temporels, on le retrouve embusqué derrière les broussailles de la vie de chaque jour. C'est une petite place où l'on a accoutumé de prier, un livre dont on s'est assimilé les pensées les meilleures, une image qui rappelle un souvenir bien cher; que sais-je? tout ce qui peut devenir objet de convoitise et de prétentions. Mère du Cœur de Marie se défiait de ces occasions de manquer ou à la pauvreté ou, pour le moins, au détachement. Elle n'aimait pas les petits présents entre religieuses; elle en faisait rarement elle-même, et ils étaient toujours simples et de peu de valeur. Il était facile de voir qu'elle avait pour règle ce que disent les auteurs ascétiques : Une religieuse, même une Supérieure, ne peut donner que des choses ayant le cachet de la sainte pauvreté.

Quant aux objets à son usage, elle voulait qu'ils fussent absolument comme ceux de tout le monde; la moindre distinction l'attristait, et elle n'était heureuse que lorsqu'elle l'avait fait disparaître. Dans les dernières années de sa vie, le costume de Saint-Joseph, tel qu'il est d'usage de le porter, la gênait dans ses mouvements et la faisait souffrir. La piété filiale des Sœurs s'ingénia à lui confectionner un vêtement à la convenance de ses bras endoloris. La forme de ce vêtement était autorisée par la Règle, mais par malheur elle n'est pas en usage dans la Congrégation. La Ré-

vérende Mère ne dit rien, et le lendemain elle reparut habillée comme d'habitude. Une Sœur lui témoignant la peine
qu'elle allait faire à la Communauté :
« Ah! Dieu me garde, dit-elle, de donner
un tel exemple à la Congrégation! »

Le monde, pour lequel la spiritualité
est une langue inconnue, parlerait ici de
rigueur excessive et d'étroitesse de sentiments. Cette femme si austère, et qui,
dans les petits détails, s'effrayait à la
pensée de n'être plus une pauvre et humble religieuse, lorsqu'elle se trouvait en
présence d'une grande infortune, sentait
s'émouvoir en elle les entrailles de la
charité, et elle donnait à pleines mains.
Le vœu de pauvreté élargit le cœur, et
ceux-là seuls donnent généreusement qui
savent être pauvres, à l'exemple de Jésus,
le plus pauvre des enfants des hommes
et le plus libéral des cœurs.

Le bon ordre et la sage économie de

son administration permirent à la Révérende Mère de venir en aide à plus
d'une Communauté que le malheur des
temps avait réduite à la gêne. Après
l'expulsion des Trappistes de Notre-Dame
des Dombes, cinq Frères convers reçu-
rent asile au Noviciat. Mère du Cœur de
Marie leur facilita autant que possible
l'accomplissement de leur Règle et la
pratique de leurs exercices de piété. Elle
regardait leur présence dans la maison
comme une source de bénédictions et de
grâces.

Que n'a-t-elle pas fait également pour
les églises pauvres ! Le zèle de la maison
du Seigneur la dévorait, et quand elle
apprenait qu'il y avait quelque part une
église à construire, ou à décorer, une
sacristie à meubler, un autel à parer,
elle donnait dès le premier appel adressé
à sa charité, et elle donnait largement,

afin que Notre Seigneur eût une demeure moins indigne de Lui.

C'était en vertu du même esprit de foi qu'elle témoignait tant de respect envers les ecclésiastiques. Elle estimait comme une faveur de recevoir leur bénédiction et ne laissait pas échapper une seule occasion de se recommander à leurs prières; notamment elle le faisait en terminant chacune de ses lettres. Comme quelqu'un lui disait que l'on pouvait prendre cette recommandation pour une formule de simple convenance, elle répondit : « Je le fais par conviction de mes besoins spirituels et de l'efficacité des prières du prêtre; le bon Dieu permettra bien que je sois quelquefois comprise. »

Quant à ses Supérieurs, son respect pour eux allait jusqu'à la vénération. Elle prenait leur avis et le suivait avec ponctualité, non seulement dans les choses importantes, mais dans celles mêmes que la Règle laisse à l'appréciation de la Supérieure générale. Commander lui déplaisait, quoiqu'elle y excellât ; elle aurait mieux aimé obéir, et dans son besoin d'obéissance, elle se faisait une loi de respecter les recommandations des Révérendes Mères défuntes ; la mort, au lieu de les annuler, les lui rendait plus sacrées.

« La ligne la plus directe pour aller au ciel, disait-elle, c'est l'obéissance. Or, l'obéissance comprend la Règle et les recommandations des Supérieures. »

« Une religieuse sans obéissance est moins que rien dans une Communauté ; on aimerait mieux n'en point avoir. »

« Si nous étions vraiment obéissantes, nous observerions très bien nos vœux de pauvreté et de chasteté ; car l'obéissance renferme tout. »

Le silence était une des pratiques de

mortification les plus familières à cette âme cachée ; elle la conseillait elle-même à celles de ses filles qui ne pouvaient observer le jeûne, les engageant à porter à la récréation leur première parole inutile. A l'approche des grandes fêtes, en particulier de celle de saint Joseph, et de même, avant chacune des retraites, elle engageait les Sœurs à s'y bien préparer et faisait célébrer ordinairement une neuvaine de messes. Mais il était une autre neuvaine qu'elle ne recommandait pas moins, c'était la neuvaine de silence, et elle avait soin de faire remarquer que plus une âme est avancée dans la perfection, moins elle s'épanche au dehors. « Dans la maison de Nazareth, disait-elle, saint Joseph parlait peu, la Sainte-Vierge moins encore, et le saint Enfant Jésus, le plus parfait des trois, ne parlait presque jamais. »

« Le silence est la marque d'une religieuse. Jamais les grandes parleuses ne sont grandes religieuses, ni les parfaites religieuses, grandes parleuses. »

En 1884, l'*Ordo*, qui chaque année portait aux Sœurs de Saint-Joseph les souhaits de leur Mère bien-aimée, leur apporta, avec les vœux sortis de son cœur maternel, ses recommandations sur le silence. C'était pour elle un point très important. « Une communauté toujours silencieuse, où chacune passe et repasse comme une ombre, oh ! mes Sœurs, s'écriait-elle, quelle impression l'on éprouve, quel parfum de vertus on respire, en entrant dans une maison religieuse, marquée à ce cachet ! » Puis elle distinguait le silence de règle qui doit être observé rigoureusement, le silence d'usage qu'il ne faut pas moins respecter, le silence de prudence. Et certes elle était bien venue à parler du silence ; car là, comme sur d'autres points, elle était un modèle. La discrétion, cette qualité de gouvernement, règlait toutes ses paroles, et jamais ses lèvres n'ont laissé échapper un secret. La charité veillait aussi sur son langage. « Il est plus difficile, disait-elle, de guérir un coup de langue qu'un coup de lance ; et de toutes les restitutions, celle de l'honneur, ôté par les détractions et les médisances, est la plus malaisée. »

Nous retrouvons ici les délicatesses de sa conscience et ses appréhensions pleines de charme. Un jour, envoyant visiter un malade à qui elle s'intéressait, elle dit à la Sœur qu'elle chargeait de cette commission : « Dites-lui une bonne parole ; mais, auparavant, faites surtout une fervente prière. C'est un bon chrétien, cependant il s'est un peu relâché depuis un an ou deux. Mais il reviendra. » La Sœur était déjà sortie, la Révérende Mère la rappelle. « Ma Sœur, ce n'est pas pour manquer à la charité

que je vous ai parlé ainsi de ce malade,
mais pour vous engager à bien prier.
Je suis persuadée qu'il fera son devoir. »

Achevons cette étude par quelques-
unes de ses maximes favorites ; elle nous
donneront la mesure de sa générosité
et de sa force intrépide au service de
Notre Seigneur.

Quand on lui parlait de neuvaines pour
obtenir une grâce : « Oui, disait-elle,
mais n'oubliez pas le sacrifice ; on prie
encore, on ne se mortifie pas assez. »

« Il ne suffit pas de parler de la
vertu, de l'aimer, de la demander même ;
il faut en venir aux actes pour l'acquérir ;
Dieu veut nos efforts. Quant on gravit
une montagne, il faut quelquefois s'accro-
cher aux plantes, aux buissons, aux sail-
lies du rocher ; il faut faire effort. De
même pour la vertu.

« Pas de découragement ! Notre Seigneur ne s'est pas découragé dans tout

ce qu'il a fait et souffert pour nous. Qu'il fait bon se rappeler sa patience, sa douceur, sa bonté pour tous, malgré tant d'ingratitude ! »

« Lorsque la tristesse se fait sentir, mettre la main sur son cœur, serrer sa croix, appeler Jésus à son aide, s'offrir à Dieu pour faire sa volonté. »

« Nous manquons de générosité parce que nous manquons d'amour, disons donc souvent : Mon Dieu, apprenez-nous à vous aimer! Mon Dieu, je vous aime ! »

Elle l'aimait beaucoup en effet, la sainte et vénérée Mère, et elle répandait autour d'elle les flammes dont son cœur débordait. Quand on l'avait approchée, qu'on l'avait entendue parler de Notre Seigneur, de la vocation religieuse, de la Règle, et que l'on avait reçu sa bénédiction, on se sentait meilleur, plus généreux, et il semblait que les plus grands sacrifices n'auraient rien coûté.

Mais encore, si grand que fût son prestige personnel, il y avait quelque chose de
plus beau que l'éclat de sa vertu; c'était
sa vertu elle-même. Son mérite se dissimulait sous l'humilité d'une existence que
rien ne distinguait des autres, comme ces
pierres précieuses qui cachent le feu de
leurs couleurs sous une enveloppe informe
et obscure. La gangue du diamant ici,
c'était cette vie d'apparence monotone et
où rien ne brillait au regard. Mais, au
fond, il y avait une âme belle, généreuse
et pure; et saint François de Sales ne
dit-il pas qu'une des sciences les plus
parfaites d'ici-bas, c'est de savoir mener
une vie commune d'une façon non commune, et que la succession des actes
d'une vertu modeste et persévérante a
plus de valeur que les actes d'héroïsme
isolés? La Révérende Mère du Cœur de
Marie s'est peu produite, elle a peu
parlé; sa vie a eu l'uniformité de la

Règle strictement et fidèlement observée ; et c'est en cela que se trouve son plus magnifique éloge : elle a été la religieuse modèle.

CHAPITRE VIII

LA MALADIE ET LA MORT

u moment où avait approché
le terme des dix ans, pour
lesquels Sœur du Cœur de
Marie avait été nommée Supérieure générale de Saint-Joseph, il s'était mani-
festé, dans toutes les Maisons de la Congrégation, un désir qui honorait singulièrement la Révérende Mère et les religieuses qui avaient vécu sous son administration maternelle. Personne n'avait
pu se lasser de ce gouvernement de prudence et de bonté. Dieu l'avait béni, et

l'avis unanime était qu'il fallait que la Mère du Cœur conservât une autorité dont elle faisait un si bon usage.

Mgr Marchal, évêque de Belley, avait vu un grand nombre de Sœurs vocales, soit au cours de la visite canonique de la Maison du Noviciat, soit pendant les exercices de la retraite de septembre de l'année 1879, et il avait pu constater que le vœu général de la Congrégation répondait bien à l'estime qu'il faisait lui-même de la Mère du Cœur de Marie. Aussi, sur le désir qui lui en fut exprimé par le Conseil de la Congrégation, il usa de son droit de confirmer la Supérieure générale dans sa place et ses fonctions.

« Considérant, disait-il, que la suite dans le gouvernement et la direction de la Congrégation importent extrêmement à la conservation du véritable esprit religieux, et à son développement dans tout le corps et dans chacun de ses membres ;

« Que la Révérende Mère Sœur du Cœur de Marie a justement obtenu l'estime, la confiance et l'affection de la Congrégation de Saint-Joseph, et que sa connaissance des intérêts de l'Institut, sa longue expérience et son amour bien connu de la Règle, la mettent en état de rendre encore de nouveaux et importants services, comme elle y sera portée par son zèle et son dévouement ;

« Ayant invoqué les lumières du Saint-Esprit, nous confirmons la Révérende Mère Sœur du Cœur de Marie, pour la période de dix ans, à partir du 2 avril de la présente année, dans la charge de de Supérieure générale de la Congrégation de Saint-Joseph. »

Ce fut une explosion de joie dans toutes les Maisons de la Congrégation, lorsque cette ordonnance épiscopale y fut publiée. Tout faisait espérer encore dix ans d'heureuse obéissance sous la main de la plus aimée des Mères. Les circonstances extérieures ne laissaient pas que de causer quelque ennui ; mais, par l'issue favorable des difficultés qui s'étaient rencontrées jusque-là, on avait pu juger à quel point la Révérende Mère était assistée de la sagesse d'en haut, et l'on avait confiance dans l'avenir.

Le seul point noir à l'horizon c'était sa santé déplorable. Nous n'en avons rien dit encore ; mais Notre Seigneur avait ajouté aux mérites de la Révérende Mère celui de la souffrance personnelle. Etant au secrétariat, elle éprouvait déjà de violents maux de tête, et quelquefois des crampes d'estomac suivies de vomissements très douloureux. Supérieure générale, ses préoccupations et ses épreuves de toute nature avaient aggravé son état de santé. Mais telle était sa force de volonté qu'elle dominait la souffrance, et, quoi-

qu'elles n'ignorassent pas que leur Mère
était malade, les religieuses, qui la
voyaient s'appliquer à ses affaires avec
tant de suite et de fermeté, ne soupçon-
naient pas toute la gravité de son mal.
Jamais une plainte sur ses lèvres, ni un
moment de relâche dans son travail, quelque souffrante qu'elle fût. Un jour, après
avoir vu quelques personnes au parloir et
leur avoir parlé avec son affabilité ordinaire, elle remonta péniblement l'escalier,
et en entrant dans sa chambre, se croyant
seule : « O mon Dieu ! soupira-t-elle, que
je suis malade ! Je n'en puis plus ! »
Une Sœur qui se trouvait là l'entendit.
D'autres fois, on la surprit appuyant fortement sa tête contre un meuble. On
croyait à une névralgie, à une faiblesse
générale, à une santé ruinée par des
tribulations de toutes sortes, et on sup-
pliait la Révérende Mère de se ménager
un peu. On put juger bientôt, par les

effets extérieurs, de la violence des douleurs qu'elle souffrait en silence.

Petite et toute frêle encore, lorsqu'elle était entrée dans la Congrégation, Sœur du Cœur de Marie était arrivée, vers l'âge de vingt ans, à une taille à peu près ordinaire. Or, un an après sa réélection, l'on remarqua chez elle une dépression sensible. Un rhumatisme l'avait saisie, mal mystérieux et implacable qui nouait les articulations, et tordait lentement les os et les nerfs, déformant les membres et les rapetissant, mais laissant à la figure son expression éminemment douce et sympathique. Les progrès de cette déformation étaient, à certains moments, si rapides qu'au bout d'un mois ses robes ne pouvaient plus lui servir ; il fallait absolument les raccourcir.

La science était impuissante à combattre le mal, ou même à soulager la

chère malade; d'autre part, la Révérende
Mère n'avait jamais le temps de recevoir
les soins que ses filles voulaient lui
donner; par un sentiment de délicatesse
excessive, elle ne se laissait pas même
frictionner.

Alors la piété filiale des Sœurs rêva
d'une guérison qu'elles obtiendraient par
leurs prières. Leur Mère faisait tant de
bien! Elle était si nécessaire à la Communauté, au milieu des circonstances
pénibles que l'on traversait! Sans doute
la Sainte Vierge prendrait leurs larmes
en pitié et rétablirait cette santé déla-
brée. La Mère du Cœur avait toujours
eu la plus tendre dévotion pour Notre-
Dame de Lourdes. Le titre de Marie-
Immaculée la transportait. Aussi lorsqu'on lui proposa d'aller à Lourdes en
1883, à l'occasion du 25ᵉ anniversaire de
l'apparition et pour profiter du jubilé
que le Saint-Père accordait, cette année-

là, à ceux qui faisaient le pèlerinage, la Révérende Mère accepta sans aucune hésitation.

Pendant tout le trajet, elle pria. Si au moins ses prières avaient allégé ses douleurs! Mais elle souffrit beaucoup, tout le temps que dura le voyage. Sitôt que l'on fut arrivé, son premier soin fut d'aller se prosterner aux pieds de l'Immaculée pour lui demander de bénir sa chère famille religieuse. Neuf jours durant, elle fut comme perdue dans la prière, allant de la Grotte à la Basilique, de la Basilique à la Grotte, égrenant son cher Rosaire, recommandant à Marie les précieux intérêts qui lui étaient confiés, s'unissant aussi, en vraie chrétienne, aux grandes intentions recommandées par l'Eglise.

Elle semblait s'oublier elle-même dans ses prières, ou du moins oublier sa guérison qui était le premier motif du pèlerinage. Pourtant, la veille du départ, sur la demande des Sœurs qui l'accompagnaient, elle se soumit à un acte de vertu qui dut lui coûter beaucoup. Malgré l'extrême sensibilité de son tempérament si délicat et si maladif, elle consentit à être plongée dans la piscine. La Sainte Vierge ne guérit pas la pieuse malade, parce qu'il était dans les desseins de la miséricorde divine d'achever la perfection de cette âme par l'épreuve de la souffrance. Mais du moins il y eut, dans son état, une amélioration sensible, et le retour à Bourg put s'effectuer heureusement et presque sans fatigue. La Révérende Mère fit volontiers le sacrifice de sa guérison, puisqu'il lui était donné de souffrir en union avec Notre Seigneur, mais elle garda précieusement le souvenir de son pèlerinage, pour embaumer son âme et consoler les dernières années de sa vie.

13

Du reste, son martyre reprit bientôt, et le rhumatisme continua par tous ses membres cette action lente et continue qui était une véritable torture. Sous les coups de la douleur, elle resta la même. Pas une impatience ni un moment d'humeur ; douce et forte contre la souffrance, elle lui souriait d'autant plus que celle-ci l'étreignait davantage. Pas un acte de charité en moins dans sa vie. Au second étage et à un appartement très éloigné de celui de la Supérieure, une pauvre petite Sœur se trouvait malade. La Révérende Mère ne pouvait plus marcher qu'avec de grands efforts. N'importe, elle voulut faire visite à sa fille affligée; mais, en arrivant, elle était à bout de forces, et elle se laissa choir sur une chaise, les traits décolorés et comme sans vie. Après quelques instants de repos, l'usage de la parole lui revint, et elle se montra, comme toujours, aimable et maternelle. Tant qu'elle put se trainer, on la vit arriver ainsi tous les jours à l'infirmerie, appuyée sur le bras d'une de ses Sœurs.

Mais surtout elle se faisait scrupule de manquer aucun exercice de la Communauté. Que ce fût à la chapelle, au réfectoire, à la salle des exercices ou même de la récréation, partout où le règlement appelait les Sœurs, elle y allait. Les supplications qu'on pouvait lui faire étaient inutiles. « Ne me privez pas, disait-elle, de ce qui fait ma consolation : être avec mes Sœurs. »

Elle ne céda qu'à toute rigueur, disputant, pour ainsi dire, pied à pied, à la souffrance, le précieux terrain de ses obligations et de ses habitudes de vie religieuse.

Qui pourrait croire qu'au moment même où elle avait à souffrir des douleurs physiques qui paraissaient intolérables, la Révérende Mère en portait au fond de son cœur de plus cruelles encore ? Nous ne parlons pas seulement des épreuves par lesquelles passait sa chère Congrégation, elle les sentait d'autant plus vivement qu'elle était impuissante à agir ; mais en outre Notre Seigneur voulait que cette âme si pure connût toutes les tribulations et toutes les angoisses de la vie intérieure. Elle avait horreur du péché, et elle croyait toujours l'avoir sur soi.

Bien loin que le démon ne s'attaque qu'aux âmes de vertu médiocre et de composition facile, sa rage s'allume tout spécialement contre les plus saintes, parce qu'elles sont plus rapprochées de Dieu. Quel triomphe pour lui, s'il avait cette riche proie ! et s'il n'espère pas les faire tomber facilement, du moins en les tourmentant, il assouvit sa haine et sa méchanceté ; car le bonheur des âmes pures l'irrite presque autant que leur sainteté.

La plus terrible épreuve de la Révérende Mère, sur la fin de sa vie, ne fut pas la maladie, mais bien la torture morale que lui causèrent les inquiétudes et les troubles de sa conscience. L'horreur qu'elle avait du mal le lui faisait voir partout, dans sa conduite et dans ses intentions, et elle avait toujours comme l'impression du péché au fond de son âme. Très souvent on l'a vue inquiète, tourmentée, et en quête de l'absolution. Elle gémissait de cet état, et elle disait parfois aux Sœurs qui l'entouraient : « Prions, ma Sœur, pour que cela me passe. »

Heureusement, en même temps que le démon semblait profiter de l'état de faiblesse générale, où la réduisait la maladie, pour l'accabler encore de ses suggestions odieuses, la Révérende Mère sentait augmenter son absolue confiance en son directeur (¹). Sans cesse sur des charbons ardents, à la recherche d'un conseil ou d'un ordre dans la formation de sa conscience, cette angoisse de tous les instants aurait été pour elle un enfer, si elle n'avait pas été docile.

(¹) Il convient de rappeler ici le souvenir du Prêtre respectable qui fut son directeur, M. le Chanoine Festas. Pendant les trente-quatre ans qu'il fut aumônier du Noviciat, M. Festas porta, dans la mission délicate qui lui était confiée, une prudence et un dévouement qui ne se démentirent jamais. Discret, modeste, aussi exact que la Règle même, avec cette fleur de bon ton et cette gravité de manières qui distinguaient l'ancien clergé, sa vie a la couleur sereine des longues et constantes fidélités au devoir. On sait qu'au lendemain des funérailles de la Révérende Mère, il fut obligé de cesser tout travail ; il fallut l'envoyer passer l'hiver sous des cieux plus cléments ; mais ni la douceur du climat, ni les soins de la piété filiale ne purent lui rendre les forces qu'il avait généreusement consumées dans son laborieux ministère, et il mourut moins d'un an après. Ainsi que l'a dit un ami de la Congrégation « la mort de la sainte Mère du Cœur de Marie l'avait lui-même blessé à mort. Ces saintes affections, ces dévouements sans bornes sont rares et touchants. »

Mais sitôt que le prêtre qui avait la
conduite de son âme lui avait dit d'aller
de l'avant, elle marchait en aveugle, et,
dans la désolation d'un cœur qui n'est
pas sûr de son amour ou dans la paix
que donne l'obéissance, elle communiait.

Il semble que la maladie, à laquelle
venaient s'ajouter encore ces épreuves
intérieures, eût dû dispenser la Révérende Mère de la mortification, mais
cette femme intrépide se croyait tenue
de mettre cette vertu en pratique avec
autant de rigueur que dans l'état de
santé. Ne mangeant presque plus, réduite à ne prendre qu'un peu de lait
ou de bouillon, elle était toujours debout.
Que de fois, au milieu de la nuit, dans
les insomnies auxquelles la fièvre ou la
douleur la condamnaient, elle s'est levée
pour travailler et prier ! Comme le médecin lui recommandait de se coucher,
pour se reposer, sur l'un ou l'autre côté :

« Voilà quarante ans, dit-elle, que je ne me couche que sur le dos ». Si elle se tenait ainsi, comme la Règle le conseille d'ailleurs, c'était soit pour regarder le ciel, soit dans une pensée de mortification, pour prendre déjà la position du cercueil. Elle continua à le faire malgré la maladie et bien que ses nuits dussent lui être un supplice. Visitant un jour une de ses filles, prise de douleurs rhumatismales, elle lui disait : « Vous souffrez bien, ma Sœur! Il semble, n'est-ce pas, que l'on ait le dos sur des cordes ? »

Quant à elle, si on lui demandait comment elle allait, elle avait beau être torturée par la maladie, elle répondait invariablement : « Je ne vais pas mal, ou encore : Mieux qu'hier. » Ce « mieux qu'hier » revenait toujours sur ses lèvres, et cependant elle allait s'affaiblissant de jour en jour. Elle s'en apercevait très

bien et parlait volontiers de sa mort
prochaine. A l'époque des retraites,
lorsqu'elle voyait une des Sœurs avec
lesquelles elle avait fait son noviciat,
elle ne manquait pas de lui parler de
la préparation à la mort. « Ma Sœur,
disait-elle, nous sommes déjà âgées et
près de la tombe ; préparons-nous à
bien mourir. Comme nous serons contentes, quand ce jour arrivera, de nous
être fait quelque violence, mais surtout
d'avoir rempli nos devoirs ! »

Autour d'elle, où l'on constatait mieux
encore les progrès du mal, on sentait
bien qu'il n'y avait plus d'illusions à se
faire. Depuis quatre ou cinq ans elle
ne semblait plus vivre que par miracle :
point de sommeil, point de nourriture,
cette tête sympathique et fine qui tom-
bait peu à peu, cette figure exsangue
et ce pauvre corps qui se déformait de
plus en plus sous les étreintes de la

douleur, où l'estomac et la poitrine finissaient par se confondre, tous ces signes faisaient craindre une fin prochaine. Et cependant elle allait et agissait toujours. Les premiers mois de l'année 1887 la virent encore se rendre au lieu de l'Oraison, pour dire elle-même ces doux mots de Vive Jésus ! qui la terminent, puis assister à la messe et faire la sainte Communion. Les larmes s'échappaient de tous les yeux, quand, défaillante, appuyée sur le bras de son Assistante, elle se rendait à la Table sainte. Lorsque ses filles lui disaient : « Mais, ma Mère, c'est trop ! — Oh ! laissez-moi faire, répondait-elle, pendant que je puis encore quelque chose. J'ai bien le temps d'être privée de communier avec vous ! »

Elle lutta jusqu'au bout avec une énergie surhumaine ; mais, au mois d'avril, ses forces trahirent son courage, et il ne lui fut plus possible de venir à la chapelle pour prendre part au banquet eucharistique. Ce fut un grand sacrifice à offrir à Notre Seigneur. Quelque temps après, elle pouvait adresser la parole à la Communauté, réunie au réfectoire :

« Je vous vois maintenant des yeux du corps, disait-elle aux Sœurs ; mais sachez que je vous vois toujours toutes des yeux du cœur, et je vous aime toutes... Priez toujours beaucoup pour moi, et que la volonté de Dieu se fasse... J'ai été privée de la sainte communion ce matin ; cette nuit, je pensais à ce que prescrit notre sainte Règle : Prier fréquemment la Sainte-Vierge et tous les Saints de préparer notre âme pour recevoir un si grand Dieu... Je n'avais rien à faire de tout cela ! Mais du moins je me disais : J'ai des filles bien ferventes qui font cela pour moi !.. »

L'approche des retraites lui rendait cependant un semblant de force et de vie ; le sentiment de la responsabilité dans les admissions à la vêture et à la profession, la joie de donner à Jésus des vierges pieuses et humbles, le bonheur de consoler encore celles de ses filles qui venaient lui confier leurs chagrins, la remettaient un instant sur pied. Elle avait parfois de longues séances avec les Supérieures, et, à la suite, on voulait éloigner les Sœurs qui attendaient quelques minutes d'entrevue avec la vénérée Mère. Mais elle a gardé jusqu'au dernier moment son amour des petits et des faibles. « Faites entrer, disait-elle ; cette chère Sœur a peut-être de la peine, et je me dois à toutes. »

A la retraite d'avril 1887, elle tint encore absolument à remplir ce ministère de charité. Toute repliée sur elle-même, accablée de fatigue, n'ayant plus de la vie que la souffrance, elle paraissait à la veille d'expirer ; elle eut cepen-

dant le courage de recevoir toutes les
Sœurs qui voulurent se présenter, de
les consoler et de les bénir. Et quand
elle n'avait plus la force de parler, son
âme et son cœur passaient dans son
regard et chacune emportait ce regard
de maternelle tendresse, comme s'il devait être le dernier ; car on n'espérait
pas la revoir à une retraite ultérieure,
et l'on ne pensait pas qu'elle pût être
plus malade sans mourir.

Cependant le mal se prolongea en s'ag-
gravant, et l'intervalle qui séparait la
retraite d'avril de celle de septembre fut
rempli par un surcroît de souffrances ;
lorsqu'on arriva à cette dernière retraite,
il ne restait plus à la Révérende Mère
qu'un souffle de vie ; elle le donna généreusement. Bien qu'en raison de sa faiblesse excessive l'appel général des Supérieures n'eût pas été fait, comme à
l'ordinaire, un certain nombre d'entre

elles furent ramenées par l'instinct du cœur à cette chambre de douleurs, où leur vénérée Mère achevait de mourir; elles voulaient une dernière fois la voir et être bénies! La Mère du Cœur les reçut toutes, et elle fut plus tendre et plus maternelle que jamais.

De leur côté, les prétendantes et les novices attendaient pour leur admission un oui définitif et les avis qu'elles reçoivent à ce moment solennel. La Révérende Mère se fit porter à la classe du noviciat où elles étaient réunies. En voyant cette pieuse jeunesse, l'espoir de sa chère Congrégation, à la veille de se consacrer à Dieu, son cœur fut bien doucement ému; elle voulut leur parler, mais sa voix était expirante et chaque mot lui coûtait un effort.

« Mes enfants, leur dit-elle, aimez le silence et la vie cachée. Une âme qui cherche Dieu obtient trois grâces :

« Elle sait parler à Dieu, et Dieu l'écoute ;

« Elle sait écouter Dieu, et Dieu lui parle ;

« Elle sait parler de Dieu, et Dieu la bénit. »

La Révérende Mère continua ainsi pendant quelques minutes, parlant à ces chères enfants du bonheur de persévérer, et de la fidélité à la sainte Règle. A certains moments, vaincue par la lassitude, elle se reposait, et ses doigts égrenaient silencieusement son chapelet.

Le lendemain, veille de la clôture, les retraitantes étant toutes réunies dans la grande salle, elle se fit encore porter à cette même place d'où elle avait si souvent entretenu ses filles spirituelles des obligations et des précieux avantages de leur saint état. Ses regards se portèrent longuement sur la chère assemblée, et elle essaya de parler ; seules,

les Sœurs les plus rapprochées purent
entendre quelques-unes de ses paroles.
Elle conseillait de renouveler fréquemment les saints vœux de religion, surtout
en récitant l'*Angelus*.

Angelus Domini... vœu de chasteté;

Ecce ancilla... vœu d'obéissance;

Et Verbum caro factum est... vœu
de pauvreté !

Elle bénit ensuite l'assemblée, et, pour
condescendre au désir de ses filles qui
voulaient au moins la voir de près, puisqu'elles ne pouvaient l'entendre, au lieu
de se faire emporter, elle traversa la
salle, étant soutenue par les deux Sœurs
qui l'accompagnaient. Ce fut un moment
plein d'émotion; la vénération et l'amour
précipitaient tout le monde à ses pieds;
les unes lui saisissaient les mains et les
portaient à leurs lèvres, les autres bai-
saient son voile, son cordon, le bas de
sa robe. Pour elle, souriant à toutes. « Mes

Enfants, disait-elle, restez tranquilles ; vous allez me faire manquer à la modestie. »

Au jour de la clôture, la cérémonie de la vêture et de la profession ne fut pas moins émouvante. L'Evêque était absent ; c'était le commencement de cette vacance douloureuse qui devait se terminer si heureusement. Quand, suivant les prescriptions du rituel, le Père spirituel qui présidait demanda à la Révérende Mère si elle admettait les novices à la sainte profession, il y eut un mouvement de curiosité et d'attention, tous les regards se portèrent vers elle, et il se fit à ce moment dans l'église un silence profond ; chacun semblait retenir son haleine pour recueillir ce dernier mot qui allait tomber des lèvres d'une Mère mourante. Pour elle, elle rassembla ses forces, et l'on entendit comme un souffle léger : Oui, mon Père. A

cette voix brisée et ténue qui semblait
venir de la tombe, l'émotion un instant
contenue éclata, de tous les côtés il y
eut des sanglots étouffés, et bien des
yeux se mouillèrent de larmes.

Les jours qui suivirent la retraite furent marqués par une plus grande fatigue, conséquence des efforts héroïques
qu'il avait fallu faire pour donner à ses
filles la consolation de la voir et de l'entendre encore une fois. Mais le mal
n'affaiblissait en rien l'énergie de sa volonté. Incapable de se rendre aux exercices de Règle, et voulant cependant y
assister autant que possible, elle s'y faisait porter. « Me voilà devenue semblable aux rois fainéants, disait-elle ; seulement ils étaient traînés sur un char,
tandis que c'est vous, mes bonnes Sœurs,
qui avez la peine de me porter. » Quand
on passait devant une statue de la Sainte-
Vierge ou de saint Joseph, on avait soin

ou de s'arrêter, ou de passer assez lentement pour que la Révérende Mère pût la voir et la saluer à son ordinaire.

C'était toujours cette piété tendre et naïve qui nous a déjà charmés plus d'une fois ; avec cela, une régularité scrupuleuse dans toutes les prières prescrites par la Règle. Ne pouvant plus dire le saint Office, le matin avec la Communauté, elle récitait Matines et Laudes, la veille au soir, en son particulier, et elle avait soin de tout lire, ainsi qu'il est recommandé. Plus d'une fois, surprise par la nuit avant d'avoir fini, et n'ayant pas de lumière dans sa chambre, elle s'est traînée, comme elle a pu, dans une chambre voisine, pour y aller lire des prières qu'elle savait par cœur.

Sa faiblesse cependant devenait de plus en plus grande, et l'on sentait bien que s'il y avait encore quelque ressort dans ce pauvre organisme depuis si longtemps malade et comme épuisé, il fallait l'attribuer à la force d'âme de la Révérende Mère. Quand ses filles, émues de pitié, lui disaient combien il leur était pénible de la voir en si triste état, elle se contentait de répondre : La sainte volonté de Dieu toujours ! ou bien encore : Tout ce que le bon Dieu voudra ! Parfois elle élevait un long regard sur son crucifix : c'était son mal qui se réveillait plus terrible et la torturait jusque dans la moelle des os. Mais pas un mot, pas une plainte ; sereine et calme, après un moment de silence, elle reprenait l'entretien ou continuait l'occupation commencée.

Dix jours avant sa mort, une Sœur lui parlait des nombreuses prières qui se faisaient pour sa guérison : « La volonté du bon Dieu, répondit-elle encore une fois ! Mais surtout qu'on ne me laisse pas en Purgatoire ! » Et quelques jours après, comme elle se trouvait beaucoup plus souffrante encore, la même Sœur lui ayant dit : « Ma Mère, que parliez-vous de Purgatoire ? Vous le faites largement en ce monde, s'il est vrai qu'une heure de souffrance, patiemment supportée, efface plus de péchés que plusieurs années de Purgatoire. — Oh ! oui, répondit la malade. Mais on n'y pense pas toujours ! »

Elle y pensait bien, la pieuse Mère, et sa pureté d'intention habituelle redoublait de vigilance ; car elle pressentait la venue prochaine de l'Epoux. La mort arrivait à grands pas, la chère malade le savait, et elle se préparait simplement et en silence à partir pour un monde meilleur.

Le 26 novembre, elle dit à une Sœur : « Avez-vous jamais vu administrer quelqu'un ? — Oui, ma Mère, j'étais auprès de mon père, lorsqu'on lui donna l'Ex-

trême-Onction, et il m'avait demandé
auparavant de lui expliquer les détails
de la cérémonie. — Eh bien ! ce que
vous avez fait pour votre père, faites-le
aujourd'hui pour votre Mère. Veuillez
m'apporter un catéchisme où se trouve
une explication détaillée des cérémonies. Vous aurez la bonté de me le
lire. » Le livre étant apporté, la lecture commença. « Oh ! que c'est beau !
que c'est consolant ! disait la Révérende
Mère. Recommencez tel passage, je vous
prie, et allez lentement. Je vais tâcher
d'entrer dans les dispositions requises
pour recevoir tous les fruits du sacrement ; je les offrirai d'avance, et quand
le moment sera venu, le bon Dieu s'en
souviendra ; je n'aurai qu'à renouveler
mon intention. »

La lecture fut continuée ; ce qui avait
trait aux dispositions que l'Eglise demande au malade fut tout particulière-

ment remarqué. L'auteur faisait observer que l'on pouvait recevoir l'Extrême-
Onction, étant assis ; la Révérende Mère
fut très heureuse de savoir ce détail.

Dans ses dernières journées, rien de
particulier ; elles ressemblèrent à celles
de toute sa vie, qui elles-mêmes ressem-
blaient à la Règle. Peut-être un peu
moins d'activité extérieure, le dévouement de la Mère Assistante suppléait à
ce que l'on ne pouvait espérer de ses
forces épuisées ; mais pas moins de volonté et de décision, même dans les
questions administratives ; elle voyait tout
par elle-même, et, à la veille de mourir,
elle s'occupait avec la plus grande sollicitude des affaires importantes dont elle
avait la charge. Pour le soin de sa personne, c'était la même résolution de
caractère ; ayant une peine infinie à faire
un mouvement, obligée de recommencer
souvent son signe de Croix parce qu'elle

ne pouvait le former en entier, elle se levait cependant toute seule et se couchait de même ; elle n'admettait l'aide de ses Sœurs pour sa toilette qu'autant qu'il lui était impossible de s'en passer. C'était un sentiment de délicatesse qui la faisait agir ainsi, et l'on trouve encore dans un autre détail les mêmes pudeurs de cette âme si pure.

Dès le jeudi 1er décembre, elle demanda ses habits de fête. Pourquoi ? Voulait-elle faire bon accueil à la mort qu'elle sentait venir, et témoigner que le jour où elle la recevait était pour elle un jour d'allégresse ? Peut-être. Mais pour qui connaissait intimement la Mère du Cœur de Marie, il y avait une autre explication à ce fait. Elle ne voulait pas qu'aucune main humaine, même celle de ses filles bien-aimées, eût à la toucher après la mort.

Le vendredi, elle souffrit beaucoup,

mais la journée fut en tout semblable aux précédentes. Levée à son heure ordinaire, la Révérende Mère expédia des affaires pressantes; elle avait peine à se tenir; une fièvre brûlante la dévorait. « Ma Mère, lui dit une Sœur, vous avez la bouche bien sèche; prenez donc une pastille. » C'était un minime soulagement qui lui était proposé. Mais s'accorder les satisfactions que réclamait à un moment pareil la nature aux abois, était-ce imiter entièrement le Dieu qui fut abreuvé sur le Calvaire de fiel et de vinaigre? Etait-ce honorer dignement le souvenir de sa Passion et de sa mort que rappelait le jour même où l'on se trouvait? Les âmes chrétiennes veulent être unies, jusqu'à leur dernier souffle, à Jésus mortifié et pénitent. La Révérende Mère, au moment même de mourir, refusa tout adoucissement à ses souffrances.

Le samedi, 3 décembre, au matin,

lorsque la Sœur infirmière arriva, elle trouva une aggravation sensible dans l'état de la chère malade. C'était l'heure de la messe ; la Sœur voulait rester. « Gardez-vous en bien, lui dit la Révérende Mère ; vous me feriez de la peine. La sainte Règle doit passer avant tout. »

A sept heures, la Sœur étant revenue, la Mère du Cœur de Marie s'habille à la hâte, mais comme les deux jours précédents, avec du linge propre et sa robe de fête. Après quelques prières, on lui propose de prendre un peu de bouillon ; elle en prend une ou deux cuillerées : « Ce sera pour plus tard, dit-elle ; je n'ai pas faim, et je suis bien malade. — Pourquoi donc, ma Mère, vous être levée si matin ? — Je ne puis rester au lit, et j'ai hâte... » Les forces lui manquèrent pour achever sa phrase.

L'infirmière la pressa de mander le médecin. « Que me fera-t-il ?... Eh bien,

soit! et j'irai dans notre chambre à recevoir. » Elle s'y rendit en effet, appuyée
sur le bras de la Sœur.

La Mère Assistante vint auprès d'elle
pour prier et pour l'aider dans le travail de correspondance qu'elle voulait
faire encore. Bientôt le docteur arriva;
sa visite ne fut pas longue. « Elle est
bien mal, dit-il, en sortant, aux Sœurs
éplorées. Si vous avez quelques dispositions à prendre, il faut vous hâter; elle
ne peut aller loin. »

On court chercher M. l'Aumônier; la
malade se confesse d'une voix si intelli-
gible et si forte encore qu'il avait peine à
croire qu'elle fût en danger pressant. Cependant, pour se conformer à la recommandation qu'elle lui avait faite maintes
fois, M. Festas lui dit que le moment
était peut-être venu de recevoir les derniers sacrements. Elle accepta la proposition avec joie et retourna immédiate-

ment dans sa chambre à coucher. Elle s'assit dans un fauteuil et attendit, en priant avec les Sœurs infirmières, que les préparatifs fussent achevés.

Quand M. l'Aumônier revint, il était onze heures et demie. En pleine connaissance, la Révérende Mère s'unit aux prières, mais elle ne put recevoir la sainte Hostie. La communion éternelle l'attendait de l'autre côté de la mort!

Lorsque fut achevée l'administration du sacrement de l'Extrême-Onction, la Mère Assistante pria la Révérende Mère de bénir la Communauté et la Congrégation tout entière. Pour toute réponse, on n'entendit qu'un faible murmure dont un maternel sourire donnait la signification. Vers une heure, elle fit entendre un soupir un peu plus fort : tout était fini! Cette âme virginale avait rejoint son bien-aimé Sauveur.

Deux heures après, la piété filiale avait transformé cette chambre où la mort venait de passer. A la muraille pendaient des tentures noires avec draperies blanches ; çà et là des touffes de verdure, et sur la couche funèbre des guirlandes de roses et de lis. C'était là, comme sur le trône qui lui convenait, que l'on avait déposé la dépouille sainte de la Mère du Cœur de Marie. La mort elle-même semblait l'avoir respectée ; ses traits, un moment altérés par la souffrance, avaient repris ce reflet de calme et de bonté qui est dans la physionomie des Saints.

Hélas ! ses filles n'avaient plus que deux jours pour contempler ces traits chéris, et dans la suite, il ne leur resterait pas même une image qui pût les leur rappeler. La Révérende Mère s'était toujours refusée à leurs sollicitations, chaque fois qu'elles lui avaient demandé son portrait. Si l'art avait pu rendre à cette physionomie tout à la fois la vie et la parfaite ressemblance, quel bonheur pour toutes celles qui, pendant vingt ans, avaient été consolées et encouragées par son sourire! La photographie ne put la représenter que les yeux fermés et les traits fixés dans l'immobilité du dernier sommeil.

Jusqu'au mardi matin la foule défila, presque sans interruption, devant le lit funèbre. On venait vénérer les restes de la sainte Mère plutôt que prier pour elle.

Les funérailles furent présidées par M. le vicaire général de Boissieu, Père spirituel de la Congrégation. Un nombreux clergé y assistait, toutes les communautés de Bourg y étaient représentées. Les Sœurs de Saint-Joseph se pressaient en foule autour du cercueil de leur mère. C'était un concours immense et un hommage qui contrastait singulièrement avec la modestie de cette humble existence passée dans l'ombre de l'état religieux.

Au cimetière de Bourg, au nord-est de la grande Croix, il est trois tombes semblables et contiguës que les Sœurs de Saint-Joseph connaissent bien. La première s'ouvrit en 1865 pour recevoir les restes mortels de cette femme au cœur intrépide qui avait nom Mère Saint-Claude. Tout à côté, l'on creusa, quatre ans après, la tombe de sa fille de prédilection, la pieuse et douce Mère Saint-Placide. Et enfin la Révérende Mère du Cœur de Marie est venue, à son tour, après une vie traversée par de grandes épreuves, prendre son repos auprès des deux Supérieures qu'elle avait tant aimées. Mais ces tombes n'ont englouti que de froides dépouilles. Les âmes se sont envolées auprès de l'Agneau sans tache ; ici-bas, ces trois noms vivront toujours dans les cœurs, à côté du nom vénéré de Mère Saint-Benoît. Elle doit beaucoup à Dieu, la famille religieuse qui a de si purs et de si précieux souvenirs !

TABLE

—